月　日

合格点 80点
得点　点

解答 ➡ P.105

式の加減

1 次の式は単項式《たんこうしき》か，多項式《たこうしき》か答えなさい。(6点×2)

(1) $-8a$　　(2) $5x+2$

多項式は単項式の和の形で表されるよ。

2 次の多項式の項を答えなさい。(6点×2)

(1) $2a-b-8$　　(2) $\frac{1}{5}x^2+8y-\frac{1}{9}$

JN100088

3 次の式は何次式ですか。(6点×4)

(1) $-5xy$　　(2) $\frac{1}{2}x^3y^2$

(3) $8x-y$　　(4) $9x^2y-xy+4x$

4 次の計算をしなさい。(6点×4)

(1) $(4x+5y)+(2x-8y)$　　(2) $(3a-2b)-(a+7b)$

(3)
$$\begin{array}{r} 7x-12y \\ +)\ 8x+\ 5y \\ \hline \end{array}$$

(4)
$$\begin{array}{r} x+3y-5 \\ -)\ x-\ y-3 \\ \hline \end{array}$$

5 次の 2 つの式をたしなさい。また，左の式から右の式をひきなさい。

(7点×4)

(1) $x+5y$，$3x-2y$　　(2) a^2-4a+1，$9a-6a^2-7$

月　日

数学

2 いろいろな多項式の計算

合格点 80点

得点　　点

解答 ➡ P.105

1 次の計算をしなさい。（7点×4）

(1) $4(2x+5y)$

(2) $(9a-6b)\times\left(-\frac{1}{3}\right)$

(3) $(-12x+8y)\div(-4)$

(4) $(5a-15b)\div\frac{5}{8}$

2 次の計算をしなさい。（7点×6）

(1) $2(x+3y)+4(2x-y)$

(2) $5(2x-5y)-6(3x-4y)$

(3) $3(x+4y)+2(2x-3y+2)$

(4) $4(2a-b+5)-7(-a+2b+3)$

(5) $\frac{1}{2}(3x-y)+\frac{1}{3}(2x+3y)$

(6) $\frac{1}{5}(20x+45y)-\frac{1}{8}(40x-16y)$

3 次の計算をしなさい。（8点×2）

(1) $\frac{5x-7y}{3}+\frac{4x+5y}{2}$

(2) $\frac{7a+3b}{10}-\frac{2a-4b}{5}$

4 $x=-3$，$y=\frac{1}{2}$ のとき，次の式の値《あたい》を求めなさい。（7点×2）

(1) $7x-2y+6y-5x$

(2) $3(x+3y)-2(3x+2y)$

数学

3 単項式の乗除

月　日

合格点 80点

得点　　点

解答 ➡ P.105

1 次の計算をしなさい。（6点 × 6）

(1) $7x \times 9y$

(2) $-\frac{2}{3}a \times 6b$

(3) $8a \times (-5a^2)$

(4) $(-x)^3 \times 2y$

(5) $4ab^2 \times (-3a)^2$

(6) $-2x^2y \times 5x^2y^2$

2 次の計算をしなさい。（7点 × 4）

(1) $9ab \div (-3a)$

(2) $\frac{2}{3}xy \div \frac{1}{2}y$

(3) $(-6ab^2) \div \frac{2}{5}ab$

(4) $-\frac{1}{3}x^2y \div \left(-\frac{5}{6}xy^2\right)$

3 次の計算をしなさい。（9点 × 4）

(1) $8ab \times \frac{3}{4}a \times (-a^2b^2)$

(2) $x^2y \div 3xy^2 \times 6y$

(3) $16a^3 \div (-4a) \div 2a$

(4) $(-2x)^3 \times (-x^2) \div (-3x)^2$

月　　日

文字式の利用

合格点 80点

得点　　点

解答 ➡ P.105

1 右の図は，ある月のカレンダーです。次の問いに答えなさい。

日	月	火	水	木	金	土
		1 (2)	2	3	4	5
6	(1) 7	8	9	10	11	12
13	14	15	16	17	18	19
20	21	22	23	24	25	26
27	28	29	30	31		

(1) 図の

7	8
14	15

のように4つの数を囲むとき，

a	b
c	d

とします。このとき，どこで考えても，$a+d=b+c$ になります。このわけを文字を使って，次のように説明しました。□にあてはまる式を入れなさい。(8点×5)

〔説明〕b，c，d を a を用いて表すと，

$b=$□，$c=$□，$d=$□となる。

よって，$a+d=$□，$b+c=$□

したがって，$a+d=b+c$ となる。

(2) 図の | 2 | 3 | 4 | のように横に並んだ3つの数を囲みます。このとき，これら3つの数の和は，中央の数の3倍になります。このことは，どこで考えても成り立ちます。このわけを文字を使って説明しなさい。(20点)

2 次の等式を〔　〕内の文字について解きなさい。(10点×4)

(1) $x-14=y$　〔x〕

(2) $S=\frac{1}{2}\ell r$　〔r〕

(3) $m=\frac{5a+9b}{2}$　〔a〕

(4) $\ell=3(a-b)$　〔b〕

月　日

連立方程式の解き方①

合格点 80点
得点 　点

解答 ➡ P.106

1 次の x，y の値《あたい》の組のうち，連立方程式 $\begin{cases} 4x-y=-7 \\ x+3y=8 \end{cases}$ の解はどれですか。記号で答えなさい。（12点）

ア　$x=1$，$y=11$　　イ　$x=-1$，$y=3$　　ウ　$x=5$，$y=1$

2 次の連立方程式を加減法で解きなさい。（11点×4）

(1) $\begin{cases} x+4y=16 \\ x+y=7 \end{cases}$

(2) $\begin{cases} 2x-5y=11 \\ 3x+y=8 \end{cases}$

(3) $\begin{cases} 7x+3y=-13 \\ 9x-4y=-1 \end{cases}$

(4) $\begin{cases} 4x+7y=14 \\ 5x+2y=4 \end{cases}$

3 次の連立方程式を代入法で解きなさい。（11点×4）

(1) $\begin{cases} 5x+y=15 \\ x=y-3 \end{cases}$

(2) $\begin{cases} y=-2x+4 \\ 6x-7y=2 \end{cases}$

(3) $\begin{cases} 3x-2y=-8 \\ 2y=x-4 \end{cases}$

(4) $\begin{cases} y=x+2 \\ y=-4x+12 \end{cases}$

月　日

数学 6 連立方程式の解き方②

合格点 80点

得点　　点

解答 ➡ P.106

1 次の連立方程式を解きなさい。（15点×4）

(1) $\begin{cases} 3x-2(x-y)=5 \\ -4(x-2y)-9y=8 \end{cases}$

(2) $\begin{cases} x-3y=7 \\ 1.2x-0.9y=3 \end{cases}$

係数を整数にしよう。

(3) $\begin{cases} \dfrac{x}{3}-\dfrac{y}{4}=\dfrac{3}{4} \\ x+2y=5 \end{cases}$

(4) $\begin{cases} \dfrac{x}{5}=\dfrac{x+y}{2} \\ x-\dfrac{x-y}{4}=-3 \end{cases}$

2 次の連立方程式を解きなさい。（20点×2）

(1) $\begin{cases} 0.3x+0.2y=0.6 \\ \dfrac{1}{4}x+\dfrac{2}{3}y=-1 \end{cases}$

(2) $3x+2y+6=2x+5y=-x+8y$

月　日

数学

7 連立方程式の利用①

合格点 80点

得点　　点

解答 ➡ P.106

1 1冊160円のノートと1冊120円のノートを合わせて8冊買ったら，代金の合計は1080円でした。それぞれのノートを何冊買いましたか。
（20点）

2 A地から13km離《はな》れたB地まで自転車で行くのに，A地から途中《とちゅう》のP地までは毎時15km，P地からB地までは毎時12kmの速さで進み，全体では1時間かかりました。次の問いに答えなさい。（20点×2）

(1) A地からP地までの道のりを $x$km，P地からB地までの道のりを $y$km として，連立方程式をつくりなさい。

(2) (1)の連立方程式を解いて，A地からP地までの道のり，P地からB地までの道のりをそれぞれ求めなさい。

3 池のまわりに1周2400mの道路があります。この道路を，兄は走って，弟は自転車で同じ地点を同時に出発してまわります。兄と弟が同じ方向にまわると,30分後に初めて弟は兄に追いつきます。また，反対の方向にまわると6分後に初めて出会います。次の問いに答えなさい。（20点×2）

(1) 兄の速さを毎分 xm，弟の速さを毎分 ym として，連立方程式をつくりなさい。

(2) (1)の連立方程式を解いて，兄の速さ，弟の速さをそれぞれ求めなさい。

数学

8 連立方程式の利用②

月　日

合格点 80点

得点　点

解答 ➡ P.107

1 2つの自然数があり，その和は70です。また，大きいほうの自然数は，小さいほうの自然数の2倍より8小さいです。このとき，大きいほうの自然数を求めなさい。（20点）

2 あるクラスの生徒数は35人で，このうちめがねをかけている生徒は9人います。このクラスでは，男子の30％と女子の20％がめがねをかけています。次の問いに答えなさい。（20点×2）

(1) このクラスの男子の生徒数を x 人，女子の生徒数を y 人として，連立方程式をつくりなさい。

(2) (1)の連立方程式を解いて，このクラスの男子の生徒数，女子の生徒数をそれぞれ求めなさい。

3 ある学年の昨年度の生徒数は225人でした。今年度は昨年度と比べて男子が8％減り，女子が12％増えたので，全体では2人増えました。次の問いに答えなさい。（20点×2）

(1) 昨年度の男子の生徒数を x 人，女子の生徒数を y 人として，連立方程式をつくりなさい。

(2) (1)の連立方程式を解いて，昨年度の男子，女子の生徒数をそれぞれ求めなさい。

月　日

1次関数

合格点 80点
得点 点

解答 ➡ P.107

1 次の問いに答えなさい。（12点×4）

(1) 次の場合，y を x の式で表しなさい。

① 500mL の牛乳を xmL 飲んだとき，残っている牛乳の量を ymL とする。

② 縦 $x$cm，横 $y$cm の長方形の面積を 6cm^2 とする。

③ 1本80円の鉛筆《えんぴつ》 x 本と，1個100円の消しゴムを1個買ったときの代金を y 円とする。

(2) (1)の①～③のうち，y が x の1次関数であるものをすべて答えなさい。

2 **16cmの長さの線香があり，火をつけると1分間に0.4cmずつ短くなります。火をつけてから x 分後の線香の長さを $y$cm として，次の問いに答えなさい。**（13点×2）

(1) y を x の式で表しなさい。

(2) 線香に火をつけてから燃えつきるまでの時間を求めなさい。

3 次の問いに答えなさい。（13点×2）

(1) 1次関数 $y=-3x+2$ について，x の値《あたい》が -1 から 2 まで増加したときの $\dfrac{y\text{の増加量}}{x\text{の増加量}}$ を求めなさい。

(2) 1次関数 $y=-\dfrac{3}{4}x+7$ について，x の増加量が8のときの y の増加量を求めなさい。

月　日

合格点 80点
得点　　点

解答 ➡ P.107

直線の式

1 右の直線(1)〜(4)の式をそれぞれ求めなさい。（10点×4）

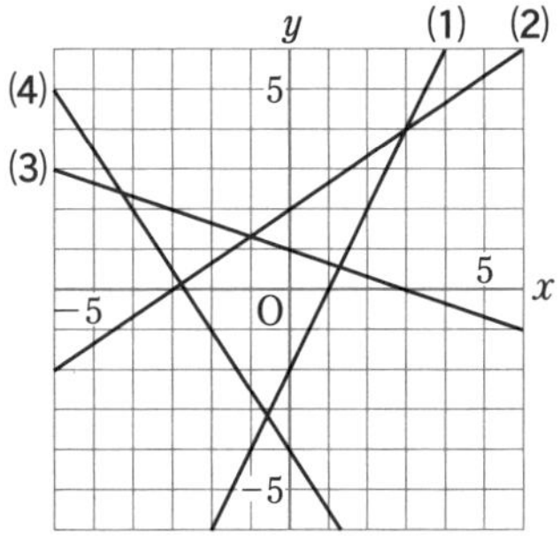

2 次の直線の式を求めなさい。（12点×5）

(1) 切片が -8 で，直線 $y=\frac{1}{4}x+3$ に平行な直線

傾き a，切片 b の直線の式は，$y=ax+b$ だよ。

(2) 傾《かたむ》きが -3 で，点$(2,\ 5)$を通る直線

(3) 点$(3,\ -1)$を通り，直線 $y=5x-7$ に平行な直線

(4) 切片が -4 で，点$(-1,\ -6)$を通る直線

(5) 2点$(-3,\ 4)$，$(3,\ -2)$を通る直線

数学 11

2元1次方程式とグラフ

合格点 80点

得点　　点

解答 ➡ P.108

1 次の方程式のグラフをかきなさい。（10点×3）

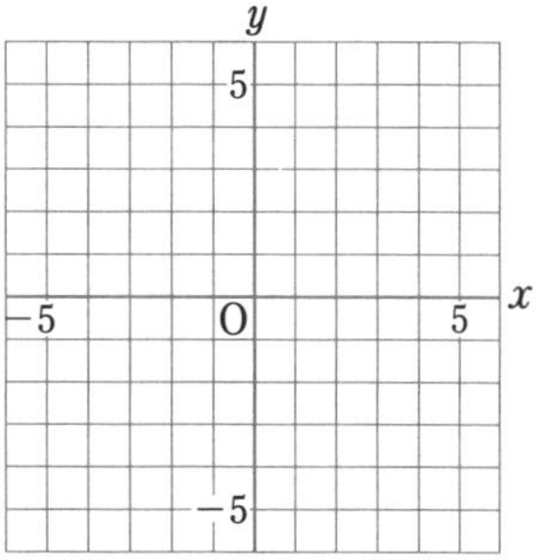

(1) $3x-y=1$

(2) $5y-10=0$

(3) $4x+3y+12=0$

2 次の連立方程式の解を，グラフをかいて求めなさい。（20点×2）

(1) $\begin{cases} y=x+1 & \cdots\cdots① \\ y=3x-5 & \cdots\cdots② \end{cases}$

(2) $\begin{cases} 2x+y=2 & \cdots\cdots① \\ x-2y=6 & \cdots\cdots② \end{cases}$

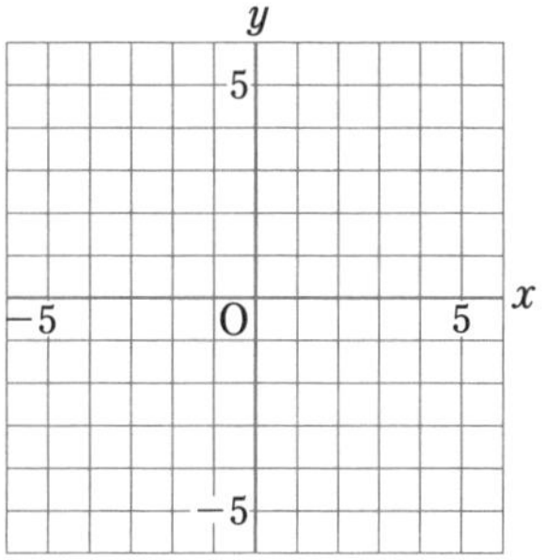

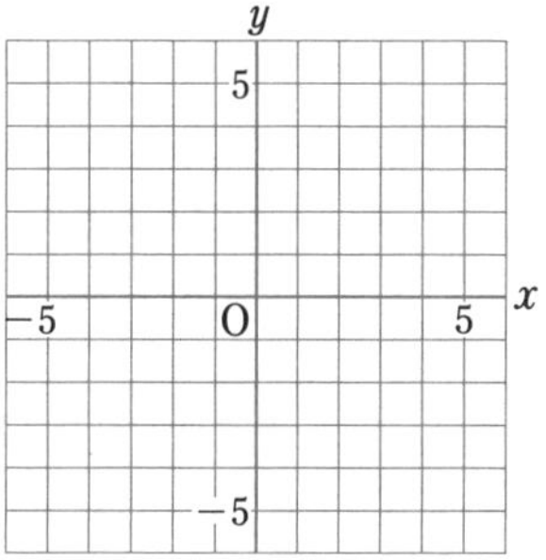

3 右の図について，次の問いに答えなさい。

(1) 直線①，②の式をそれぞれ求めなさい。

（10点×2）

(2) 直線①，②の交点の座標を求めなさい。（10点）

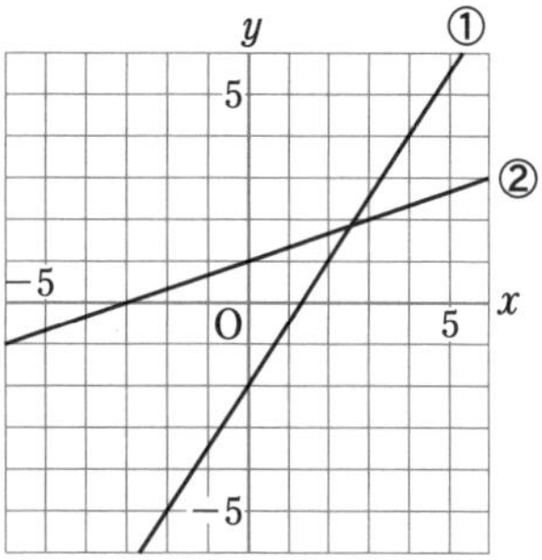

月　　日

1次関数の利用

合格点 80点

得点　　点

解答 ➡ P.108

1 あるばねについて，つるしたおもりの重さとそのときのばねの長さとの関係をグラフに表したら，右のような直線になりました。次の問いに答えなさい。（20点×3）

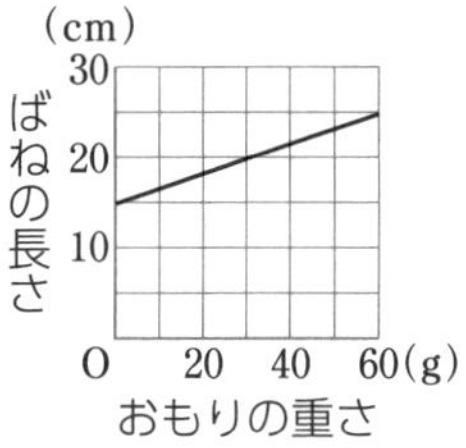

(1) おもりの重さが x g のときのばねの長さを y cm として，y を x の式で表しなさい。

(2) おもりの重さが 18 g のときのばねの長さは何 cm ですか。

(3) ばねの長さが 23 cm になるときのおもりの重さは何 g ですか。

2 妹が午前10時に家を出発し，自転車でA町まで行き，A町からは歩いてB町まで行きました。右のグラフは，妹が家を出発してからの時間と道のりの関係を表したものです。このとき，次の問いに答えなさい。

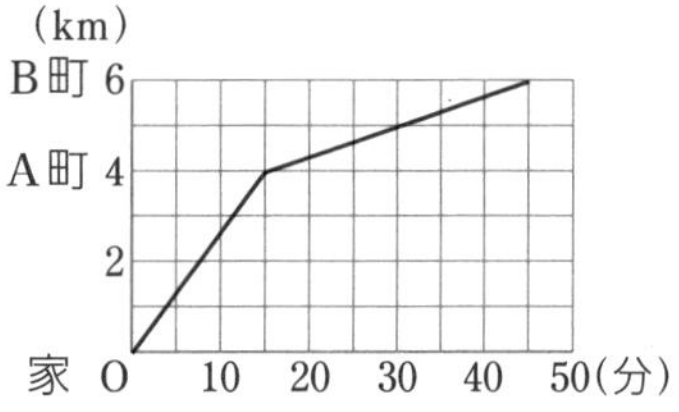

(1) 自転車で家からA町まで行ったときの時速を求めなさい。（20点）

(2) 午前10時15分に，兄が自転車で家を出発し，時速 20 km で妹を追いかけました。（10点×2）

① 兄が妹に追いつく時刻を，上の図にグラフをかいて求めなさい。

② 追いつくのは，家から何 km の地点ですか。

数学 13 平行線と角

合格点 80点
得点　点
解答 ➡ P.108

1 右の図について，次の問いに答えなさい。（8点×3）

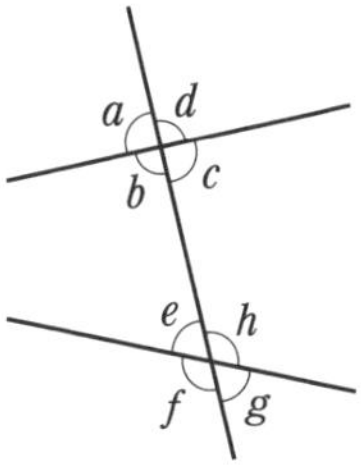

(1) $\angle b$ と $\angle d$ の位置にある角を何といいますか。

(2) $\angle b$ と $\angle f$ の位置にある角を何といいますか。

(3) $\angle b$ と $\angle h$ の位置にある角を何といいますか。

2 次の図で，$\ell /\!/ m$ のとき，$\angle x$ の大きさを求めなさい。（10点×2）

(1)

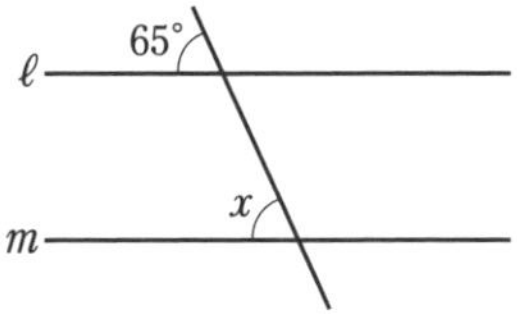

(2)

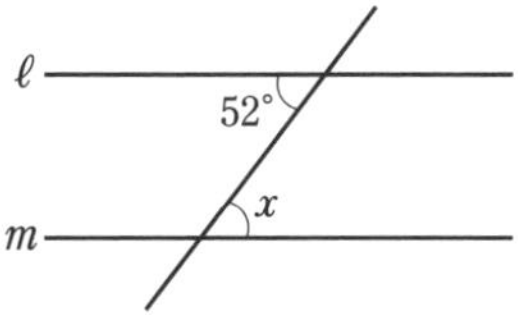

3 右の図で，$\ell /\!/ m$ のとき，$\angle x$，$\angle y$，$\angle z$ の大きさを求めなさい。（10点×3）

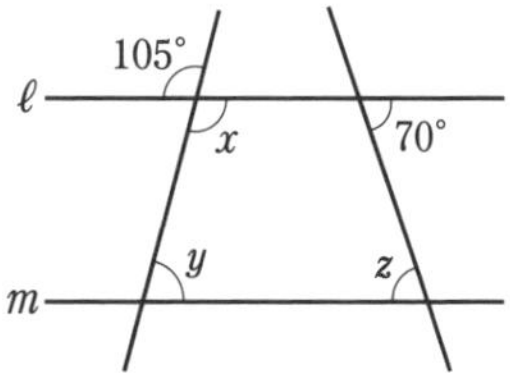

4 次の図で，$\ell /\!/ m$ のとき，$\angle x$ の大きさを求めなさい。（13点×2）

(1)

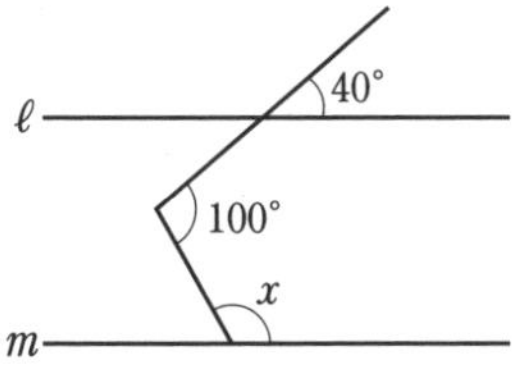

(2)

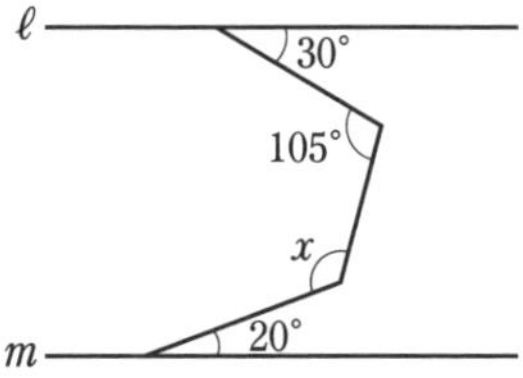

数学

14 多角形の角

合格点 80点

得点　　点

解答 ➡ P.109

1 次の図で，$\angle x$ の大きさを求めなさい。（12点 × 2）

(1)

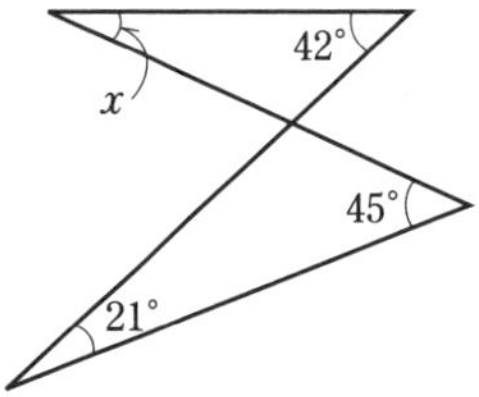

(2)

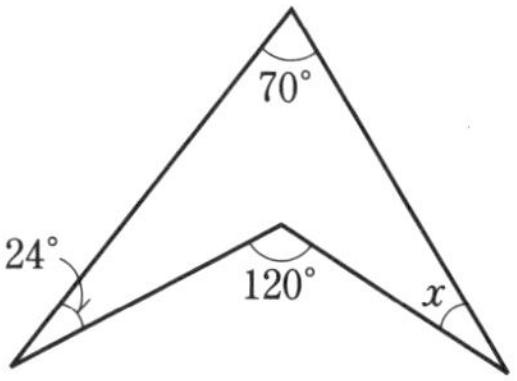

2 次の問いに答えなさい。（12点 × 4）

(1) 九角形の内角の和を求めなさい。

(2) 正十角形の1つの内角の大きさを求めなさい。

(3) 正十二角形の1つの外角の大きさを求めなさい。

(4) 正多角形の1つの外角が45°のとき，この多角形は正何角形ですか。

多角形の外角の和は
360°だよ。

3 次の図で，$\angle x$ の大きさを求めなさい。（14点 × 2）

(1)

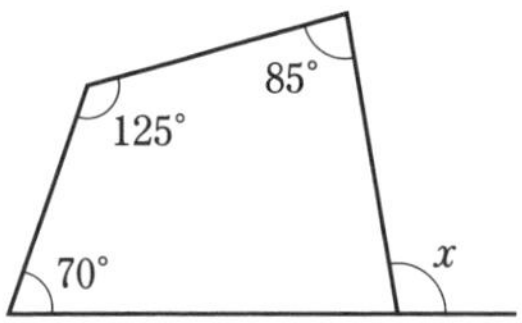

(2)

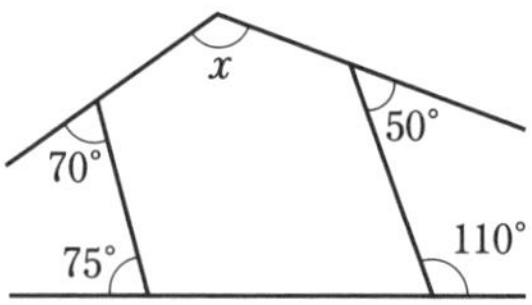

合同と証明①

合格点 80点
得点　　点

解答 ➡ P.109

1 右の図で，点Oは△ABCと△CADの辺BC，DAの交点です。AB＝CD，AB//CDのとき，OA＝ODです。これについて，次の問いに答えなさい。

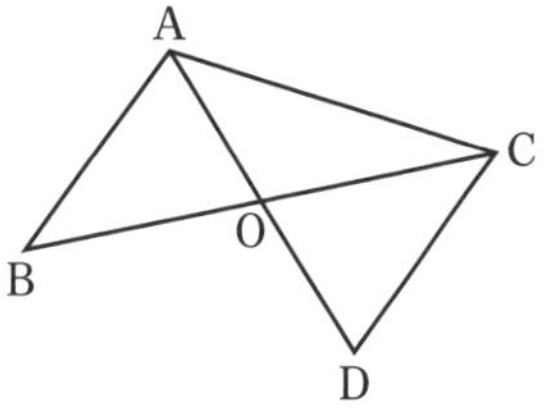

(1) 仮定と結論を答えなさい。(10点×2)

〔仮定〕

〔結論〕

(2) このことを，次のように証明しました。[　] にあてはまることばや記号を入れなさい。(16点×5)

〔証明〕△ABOと△[a]において，

仮定より，AB＝DC　　……①

AB//CDより，[b]は等しいから，

∠OAB＝∠[c]　　……②

∠OBA＝∠[d]　　……③

①，②，③から，[e]ので，

△ABO≡△[a]

したがって，OA＝OD

月　　日

数学

16 合同と証明②

合格点 **80**点

得点　　　　点

解答 ➡ P.109

1 右の図のような，正方形ABCDと正方形CEFGがあり，点Bと点G，点Dと点Eをそれぞれ結びます。このとき，BG=DEとなることを，次のように証明しました。□にあてはまることばや記号を入れなさい。

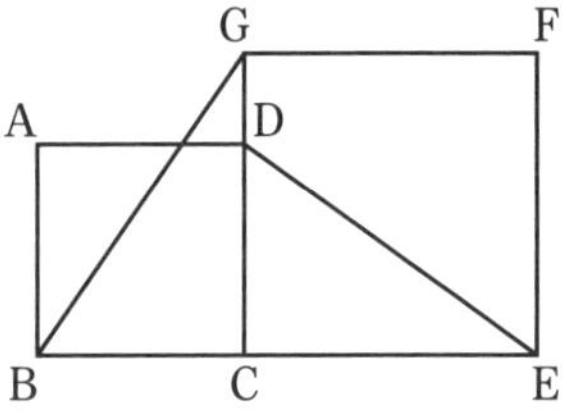

（16点×5）

〔証明〕　△BCGと△ (1)＿＿＿ において，

仮定より，BC＝ (2)＿＿＿ ……①

CG＝ (3)＿＿＿ ……②

∠BCG＝∠ (4)＿＿＿ ＝90°　……③

①，②，③から， (5)＿＿＿＿＿＿＿＿ ので，

△BCG≡△ (1)＿＿＿

したがって，BG＝DE

2 右の図のような，AB＝AD，BC＝DCの四角形ABCDがあります。点Aと点Cを結ぶとACは∠BADを2等分することを証明しなさい。（20点）

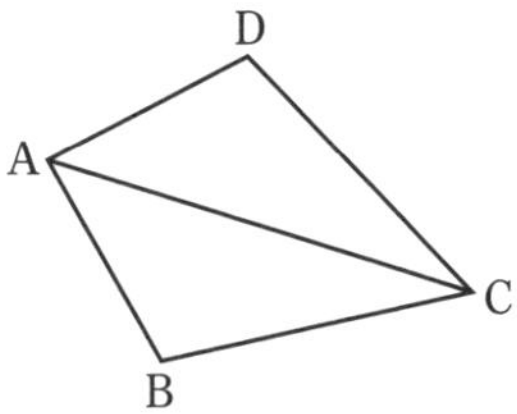

月　日

数学

17 三角形①

合格点 80点

得点　　点

解答 ➡ P.109

1 次の図で，同じ印のついている辺の長さが等しいとき，$\angle x$ の大きさを求めなさい。（10点×4）

(1)

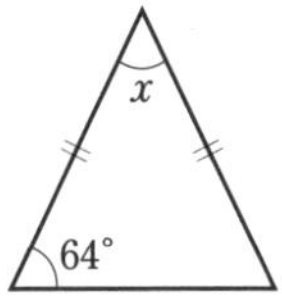

(2)

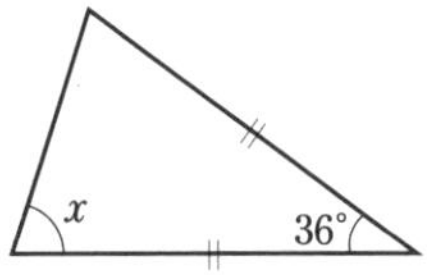

(3)

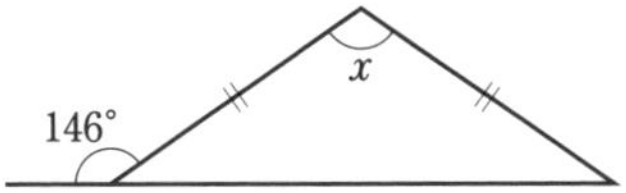

(4)

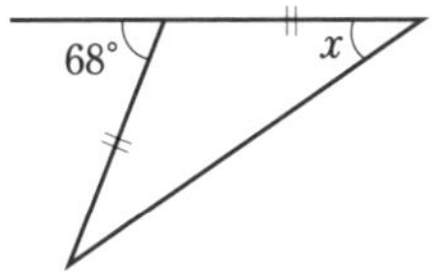

2 次のことがらの逆を答えなさい。またそれが正しいかどうかを答えなさい。正しくないときは，反例を 1 つあげなさい。（15点×4）

(1) △ABC と △DEF において，△ABC≡△DEF ならば，AB＝DE

(2) 整数 x，y で，x も y も奇数《きすう》ならば，xy は奇数である。

月　日

数学

18 三角形②

合格点 80点

得点　　点

解答 ➡ P.110

1 右の図のように，∠AOB の二等分線上の点 P から 2 辺 OA，OB に，それぞれ垂線 PC，PD をひきます。このとき，△OPC と △OPD が合同であることを，次のように証明しました。[　　]にあてはまることばや記号を入れなさい。

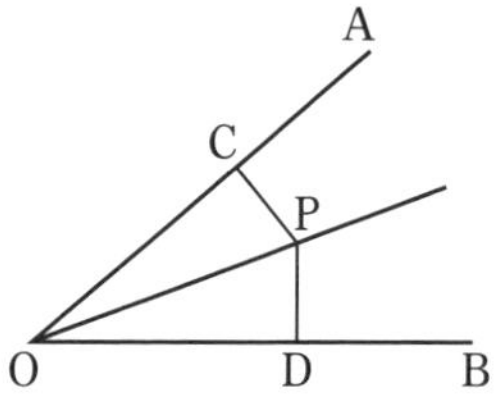

（12点 × 5）

直角三角形の合同条件を覚えよう。

〔証明〕 △OPC と △OPD において，

仮定より，∠COP＝∠[(1)　　] ……①

∠OCP＝∠[(2)　　]＝90° ……②

OP は[(3)　　] ……③

①，②，③から，[(4)　　]

ので，△OPC≡△[(5)　　]

2 右の図の △ABC で，BE＝CD，∠BEC＝∠CDB＝90° です。このとき，次の問いに答えなさい。

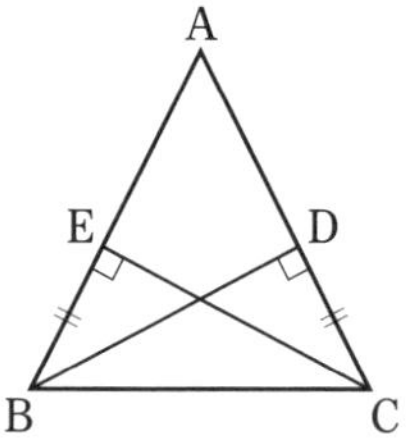

（20点 × 2）

(1) △BCE≡△CBD を証明しなさい。

(2) (1)から，△ABC が二等辺三角形であることを証明しなさい。

平行四辺形①

1 次の平行四辺形で，x，y の値《あたい》を求めなさい。また，求めるのに使った平行四辺形の性質を答えなさい。（7点×12）

(1)

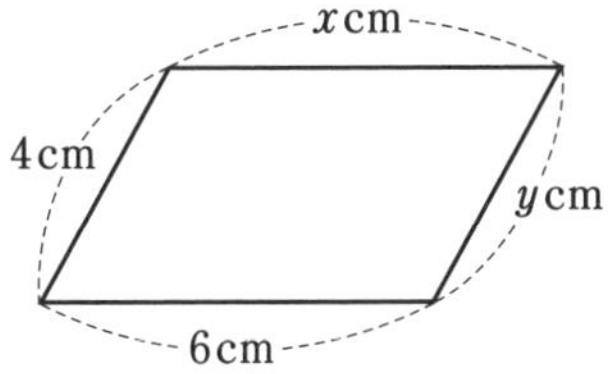

(2)

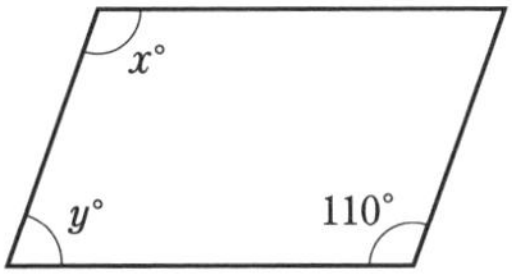

(3)

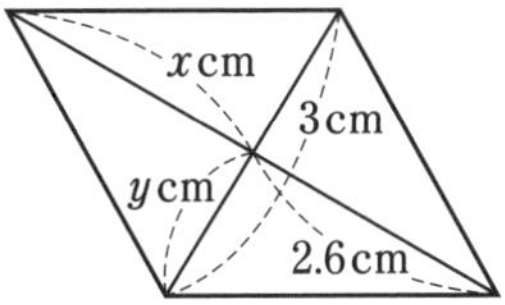

(4)

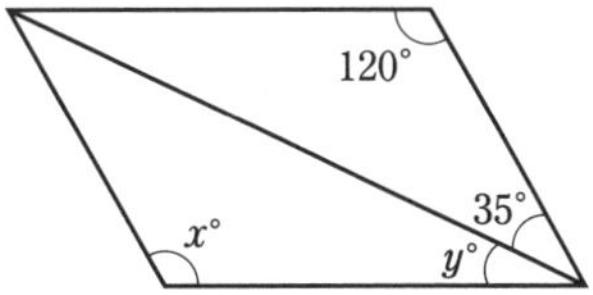

2 右の図で，▱ABCD の対角線 BD に，頂点 A，C からそれぞれ垂線をひき，対角線 BD との交点をそれぞれ E，F とします。このとき，AE＝CF であることを証明しなさい。（16点）

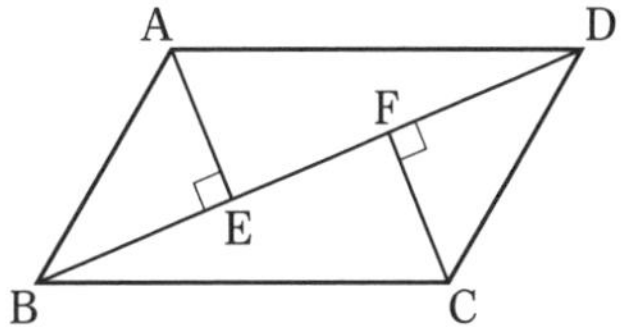

数学

20 平行四辺形②

月　日

合格点 80点
得 点　点

解答 ➡ P.110

1 次の四角形の名前を答えなさい。(14点×3)

(1) 対角線が垂直に交わる平行四辺形

(2) 対角線の長さが等しい平行四辺形

(3) 対角線の長さが等しく，対角線が垂直に交わる平行四辺形

2 次の図で，$\angle x$ の大きさを求めなさい。(20点×2)

(1) 正方形 ABCD

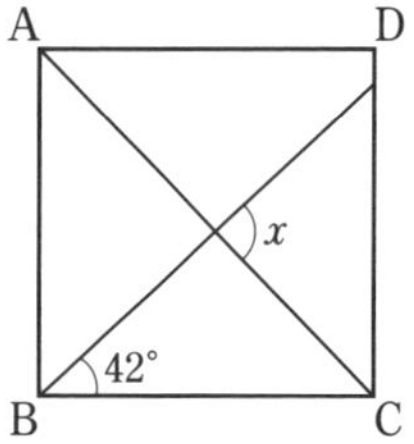

(2) ひし形 ABCD で，AB＝AE

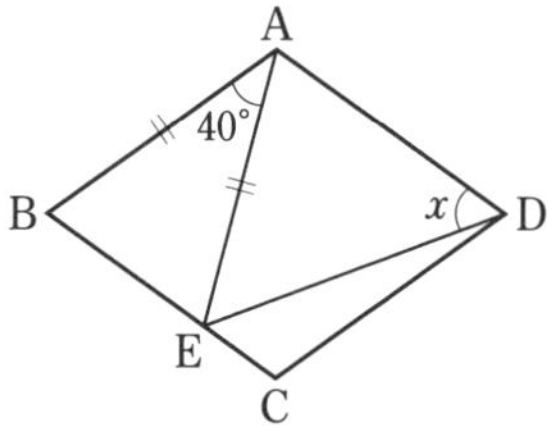

3 右の図の ▱ABCD で，AC//EF です。このとき，図の中で，△AEC と面積の等しい三角形を 2 つ答えなさい。(18点)

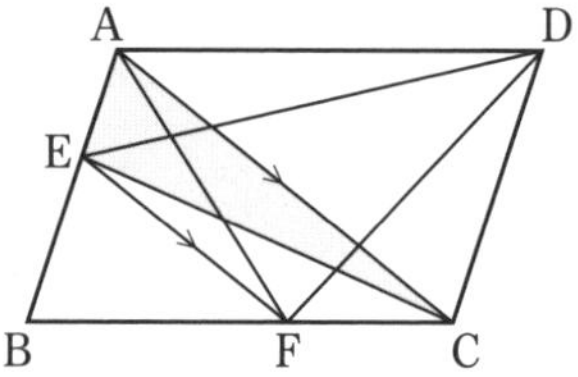

月　日

データの分析

合格点 80点
得点　点
解答 ➡ P.111

1 次のデータは，あるクラスの男子 10 人の 50 m 走の記録を表したものです(単位は秒)。これについて，次の問いに答えなさい。(20点 × 4)

7.4	7.8	7.0	8.2	7.8	7.5	7.1	7.9	8.1	7.3

(1) このクラスのデータの第 2 四分位数《しぶんいすう》を求めなさい。

(2) このクラスのデータの第 1 四分位数を求めなさい。

(3) このクラスのデータの第 3 四分位数を求めなさい。

(4) このクラスのデータの四分位範囲《しぶんいはんい》を求めなさい。

2 右の図は，あるクラスの生徒 25 人の数学と国語のテストの得点のデータを箱ひげ図で表したものです。この箱ひげ図から読みとれることとして正しいものを，**ア**～**エ**からすべて選びなさい。(20点)

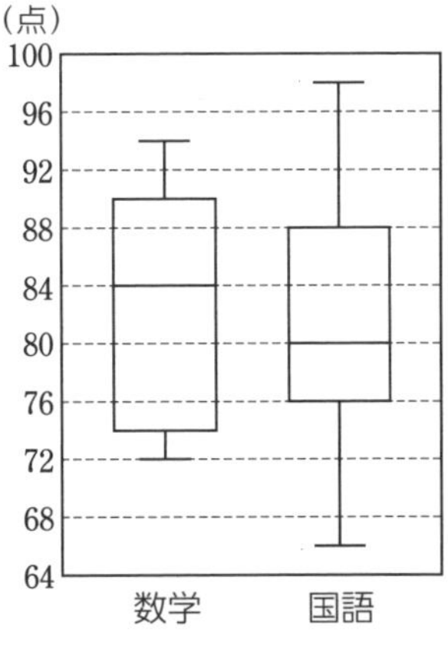

ア 数学のテストでは，70 点以下の生徒がいる。

イ 国語のテストでは，95 点以上の生徒がいる。

ウ 数学のテストでは，84 点以上の生徒が 10 人以下である。

エ 国語のテストでは，76 点以上の生徒が 13 人以上である。

月　日

数学

22 確率

合格点 80点

得点　点

解答 ➡ P.111

1 大小2つのさいころを投げます。このとき，次の確率を求めなさい。

（15点×2）

(1) 出た目の数の和が9になる確率

(2) 出た目の数の積が12の倍数になる確率

2 袋《ふくろ》の中に，赤玉5個，青玉4個，白玉3個が入っています。この袋の中から玉を1個取り出すとき，次の確率を求めなさい。（15点×2）

(1) 青玉である確率

(2) 赤玉または青玉である確率

3 数字が書かれた3枚のカード[3]，[4]，[5]があります。この3枚のカードを並べて，3けたの整数をつくるとき，偶数《ぐうすう》になる確率を求めなさい。

（20点）

4 5人の生徒A, B, C, D, Eの中から，くじ引きで2人の当番を選びます。このとき，生徒Eが当番に選ばれる確率を求めなさい。（20点）

月　日

地図の見方

合格点 80点
得点　点
解答 ➡ P.111

1 次の文章の空らんにあてはまる語句を入れなさい。(3)の文章は，あとの**ア**～**ウ**から選び，記号で答えなさい。(10点×4)

(1) 地図は，ふつう［　　　］が上になるようにえがかれている。

(2) 海面からの高さの同じところを結んだ線を，［①　　　　］といい，山頂から山ろくに向かってはりだすところを［②　　　　］という。

(3) 身近な地域の調査をするとき，図書館で統計書などを使って，特産物の生産量の推移を調べた。このような調査を［　　　］という。

ア 聞き取り調査　　**イ** 文献《ぶんけん》調査　　**ウ** 野外調査

2 右の地形図を見て，次の各問いに答えなさい。(10点×6)

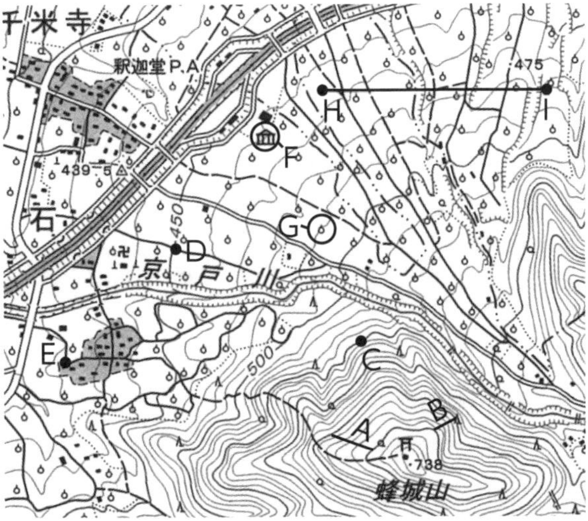

(2万5千分の1地形図「石和」)

(1) 地形図中のAとBでは，どちらの傾斜《けいしゃ》のほうがゆるやかか，答えなさい。［　　　］

(2) 地図中のCの標高はおよそ何mですか。［　　　］m

(3) 地図中のDから見て，Eはどの方向か，八方位で答えなさい。［　　　］

(4) 地図中のF・Gの地図記号はそれぞれ何をあらわしていますか。
F［　　　　　］ G［　　　　　］

(5) 地図中のHからIは，3cmである。実際の距離《きょり》は何mか，答えなさい。［　　　］m

日本の自然

月　日

合格点 80点

得点　点

解答 ➡ P.111

1 右の地図を見て，次の各問いに答えなさい。（10点 × 5）

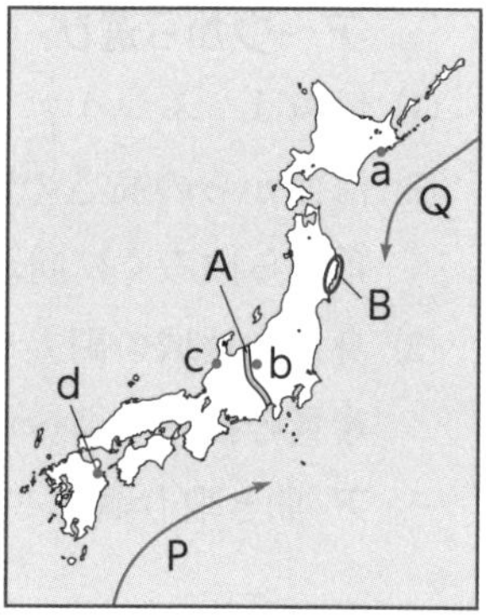

(1) 地図中のAは，東日本と西日本を大きく分断する地形の境目である。Aをかたかなで何といいますか。 [　　　　　]

(2) 地図中のBで見られる海岸地形を何といいますか。 [　　　　　]

(3) 地図中のP・Qの海流名をそれぞれ答えなさい。

P[　　　　　]　Q[　　　　　]

(4) 次のア～エのグラフは，地図中のa～dのいずれかの都市の気温などを示したものである。aの都市にあたるものを1つ選びなさい。[　　]

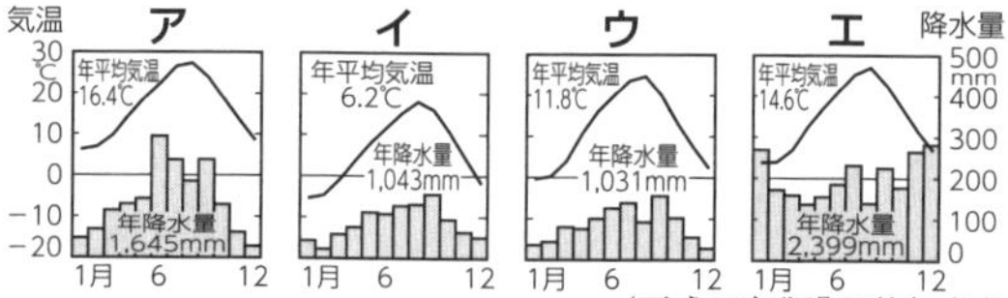

（平成30年版「理科年表」）

2 次の各問いに答えなさい。（10点 × 5）

(1) 次の文は，日本の河川《かせん》の特徴について述べています。右の図を参考にして，空らんに適語を入れなさい。

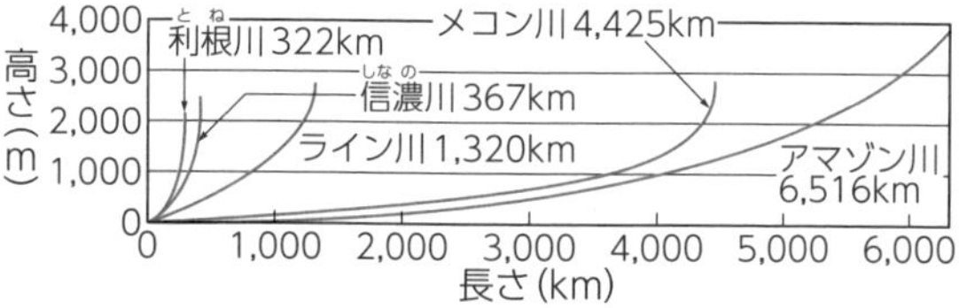

日本の河川は世界の大河と比べて，長さが[　　　　　]，流れが[　　　]である。

(2) 日本列島やアンデス山脈，ロッキー山脈などが属する造山帯を何といいますか。 [　　　　　]造山帯

(3) ①河川が山間部から平地に出た所に土砂がたまってできた扇形《おうぎがた》の地形，②河川が運んできた細かい土砂で河口付近が埋《う》め立てられてできた地形を，それぞれ何といいますか。 ①[　　　　　]　②[　　　　　]

社会 25

日本の人口

合格点 80点

得点　　点

解答 ➡ P.111

1 次の文章の空らんにあてはまる語句を入れなさい。（11点×5）

(1) 65歳《さい》以上の人口を［①　　　　］といい，高齢化《こうれいか》が進んだ先進国では全人口に占《し》めるこの人口の割合が年々伸《の》びている。これは医療《いりょう》技術の発達で，［②　　　　］が伸びたことや，晩婚《ばんこん》化や未婚率の上昇《じょうしょう》などで［③　　　　］が低くなったことが原因である。

(2) 東京《とうきょう》，大阪《おおさか》，名古屋《なごや》の三大都市圏《けん》では，人口や企業《きぎょう》が過度に集中して［①　　　　］化が進み，交通渋滞《じゅうたい》や住宅不足などの問題がおきている。一方，地方の農村では，若い人々が大都市へと流出し，［②　　　　］が進み，地域社会を維持《いじ》することが困難となるほどの問題が発生している。

2 次のA～Cの人口ピラミッドは，日本の1950年・1970年・2015年のいずれかを示している。(1)～(3)の各問いに答えなさい。（15点×3）

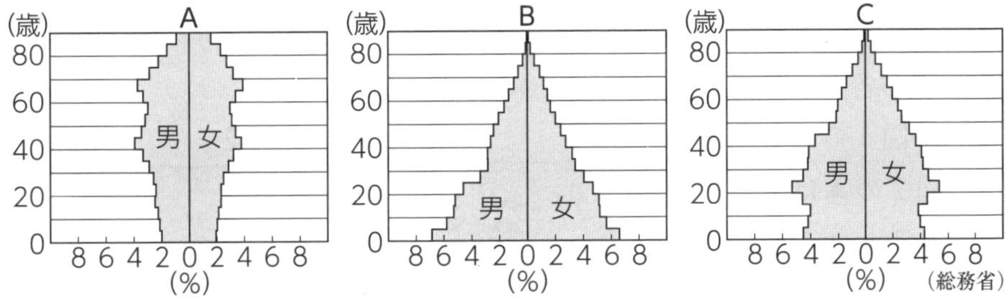

(1) A～Cの人口ピラミッドを年代順に並べなさい。

［　　　→　　　→　　　］

(2) Aの人口ピラミッドの型を，次の**ア**～**ウ**から１つ選びなさい。［　　　］

ア つりがね型　　**イ** つぼ型　　**ウ** 富士山型

(3) 現在，Bの人口ピラミッドと同じ型である国を，次の**ア**～**エ**から１つ選びなさい。［　　　］

ア イギリス　　**イ** 韓国《かんこく》　　**ウ** エチオピア　　**エ** スウェーデン

社会 26

月　日

日本の資源・エネルギー・産業

合格点 80点

得点　　点

解答 ➡ P.112

1 右のグラフは日本のおもな工業地帯・地域の産業別出荷《しゅっか》額割合を示し，グラフ中の**ア**～**エ**は，機械・化学・金属・食料品のいずれかを示している。次の各問いに答えなさい。

(13点×4)

〈おもな工業地帯・地域の産業別出荷額割合〉

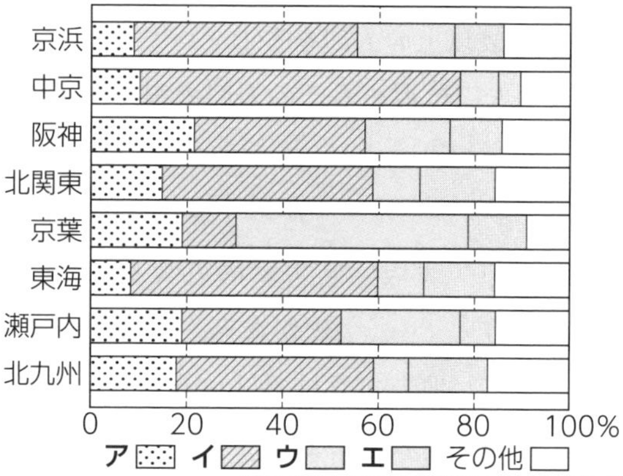

(2014年)(2017/18年版「日本国勢図会」)

(1) グラフの**ア**～**エ**から，機械，化学，金属をそれぞれ選びなさい。

機械［　　　］　化学［　　　］　金属［　　　］

(2) グラフ中でその他に含《ふく》まれない産業は，次の**ア**～**エ**のどれですか。

ア 陶磁器《とうじき》　**イ** IC　**ウ** セメント　**エ** 製紙　［　　　］

2 次の各問いに答えなさい。(12点×4)

(1) ①図1の●，②図2の▲は，それぞれある鉱産資源のおもな産地を示している。あてはまる鉱産資源は何ですか。

図1

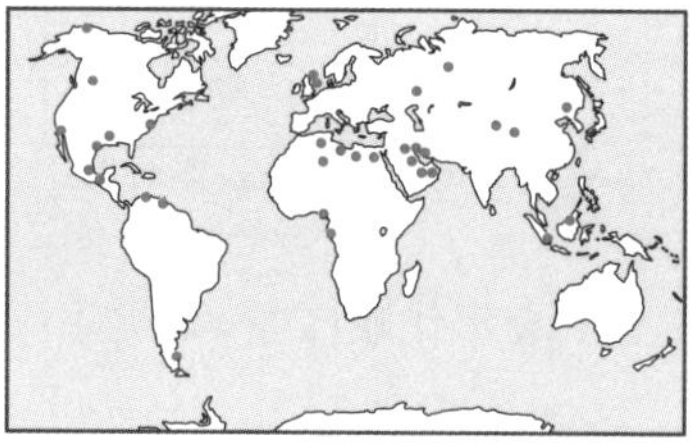

図2

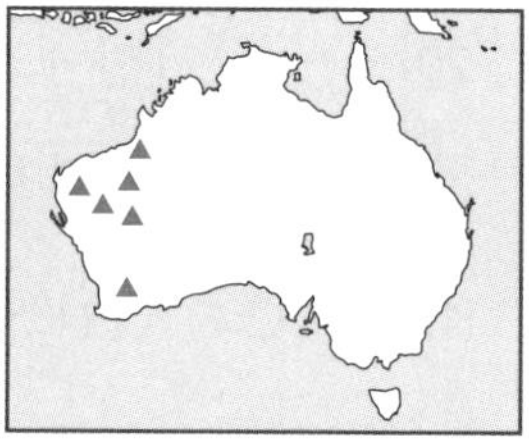

①［　　　］　②［　　　］

(2) 人工ふ化させた稚魚《ちぎょ》・稚貝《ちがい》を放流し，より自然な形で水産資源を増やしてとる漁業を何といいますか。　［　　　］

(3) 大都市周辺では，市場への近さを生かして新鮮《しんせん》な農産物を出荷する農業が発達している。このような農業を何といいますか。　［　　　］

日本の交通・通信

合格点 80点
得点　　点
解答 ➡ P.112

1 交通・通信について，次の各問いに答えなさい。

(1) 日本国内の貨物輸送の中心となっているものを，次の**ア**～**エ**から１つ選びなさい。（12点）

ア 鉄道　**イ** 自動車　**ウ** 船舶《せんぱく》　**エ** 航空機　［　　］

(2) 海上交通による輸送が適しているものを，次の**ア**～**エ**から２つ選び，記号で答えなさい。（11点×2）［　　］［　　］

ア 自動車などの重い工業製品　**イ** ICなどの軽い工業製品
ウ 魚介類《ぎょかいるい》や生花・食料品　**エ** 原油などの工業原料

(3) 新幹線が通っていない県を，次の**ア**～**エ**から１つ選び，記号で答えなさい。（11点）［　　］

ア 鹿児島県　**イ** 三重県　**ウ** 栃木県　**エ** 秋田県

(4) 本州四国連絡橋のうち，鉄道が併設《へいせつ》されたのは，次の**ア**～**ウ**のどのルートですか。（11点）［　　］

ア 尾道《おのみち》～今治《いまばり》ルート　**イ** 児島《こじま》～坂出《さかいで》ルート　**ウ** 神戸《こうべ》～鳴門《なると》ルート

(5) 次の３品目は，ある港の輸出品上位３品目（2016年）を示している。あてはまる港を，次の**ア**～**エ**から１つ選びなさい。（11点）

〔1位：金（非貨幣《かへい》用），2位：科学光学機器，3位：半導体製造装置〕

ア 千葉《ちば》港　**イ** 成田《なりた》国際空港　**ウ** 名古屋《なごや》港　**エ** 神戸港　［　　］

(6) 多数の空港と航空路で結ばれ，乗り継《つ》ぎや貨物の積み替《か》えの拠点《きょてん》となる空港を何といいますか。（11点）［　　］

(7) 日本の海上輸送品目で，輸入量の上位5位以内（2015年）に入らないものを，次の**ア**～**エ**から１つ選びなさい。（11点）［　　］

ア 原油　**イ** 鉄鉱石　**ウ** 紙類　**エ** 石炭

(8) 動画や音声など大量の情報を高速でやりとりできるガラス繊維《せんい》でできたケーブルを何といいますか。（11点）［　　］

九州地方

月　日

合格点 80点

得点　点

解答 ➡ P.112

1 右の九州地方の地図を見て，次の(1)～(3)の問いに答えなさい。（13点×6）

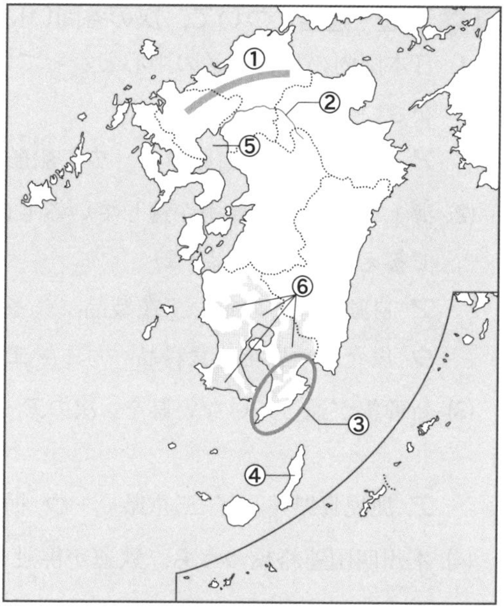

(1) 地図中の①～④の地名を答えなさい。

①［　　　　］山地
②［　　　　］川
③［　　　　］半島
④［　　　　］島

(2) 地図中の⑤の地域では，浅い海を堤防《ていぼう》でしきり，陸地化している。これを何といいますか。［　　　　］

(3) 地図中の⑥で見られる火山灰がたい積してできた台地を何といいますか。

［　　　　］

2 次の表の**ア**～**エ**は，肉用牛の飼育頭数，豚《ぶた》の飼育頭数，ピーマン，じゃがいもの生産量の上位 5 道県の全国に占《し》める割合(%)を表している。このうち，肉用牛の飼育頭数とピーマンの生産量はどれか。**ア**～**エ**からそれぞれ選び，記号で答えなさい。（11点×2）

肉用牛［　　］　ピーマン［　　］

ア	茨城 23.6	宮崎 19.1	高知 9.0	鹿児島 8.5	岩手 5.1
イ	北海道 20.7	鹿児島 12.9	宮崎 9.8	熊本 5.1	岩手 3.6
ウ	鹿児島 13.6	宮崎 9.0	千葉 7.2	群馬 6.8	北海道 6.5
エ	北海道 79.2	長崎 3.9	鹿児島 3.2	茨城 1.9	千葉 1.1

（**ア**・**エ**は 2015 年，**イ**・**ウ**は 2016 年）　（2017 年版「データでみる県勢」）

社会 29 中国・四国地方

合格点 80点
得点　　点
解答 ➡ P.112

1 右の中国・四国地方の地図を見て，次の(1)・(2)の問いに答えなさい。（10点×7）

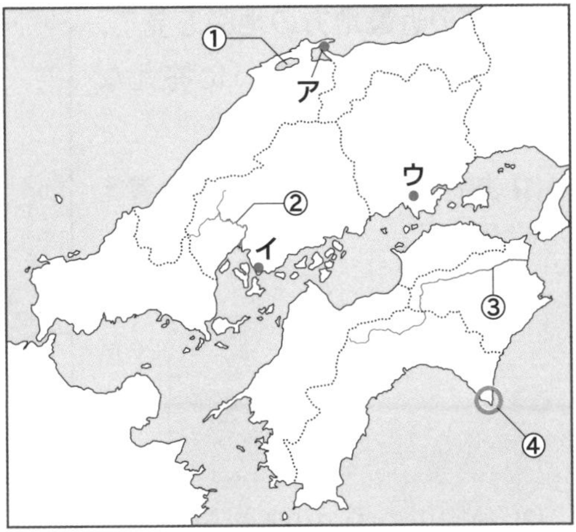

(1) 地図中の①～④の地名を答えなさい。

① [　　　　] 湖
② [　　　　] 川
③ [　　　　] 川
④ [　　　　] 岬《ざき》

(2) 次の文は，地図中の**ア**～**ウ**の都市の説明である。それぞれどの都市の説明か。記号と都市名を答えなさい。

① 工業出荷額《しゅっかがく》が，中国・四国地方ではもっとも多い都市。南部に石油化学コンビナートがある。 [　　・　　]
② 水揚《みずあ》げ量が日本有数の漁港がある。 [　　・　　]
③ 鉄鋼・造船が盛ん。戦前は軍港があった。 [　　・　　]

2 下の表は，岡山《おかやま》県・広島県・愛媛《えひめ》県のそれぞれの人口と産業別の製造品出荷額等を示していて，①～③は3県のいずれかである。①～③は，それぞれ何県か答えなさい。（10点×3）

① [　　　　]
② [　　　　]
③ [　　　　]

県	人口（万人）	産業別の製造品出荷額等（億円）		
		紙・パルプ	輸送用機械	鉄　鋼
①	192	833	9,213	10,974
②	284	1,060	27,315	14,953
③	139	5,677	4,729	1,106

（人口は2015年，その他は2014年）　（2017年版「データでみる県勢」）

月　日

社会 30

近畿地方

合格点 80点
得点　　点
解答 ➡ P.112

1 右の近畿《きんき》地方の地図を見て，次の(1)〜(7)の問いに答えなさい。（10点×10）

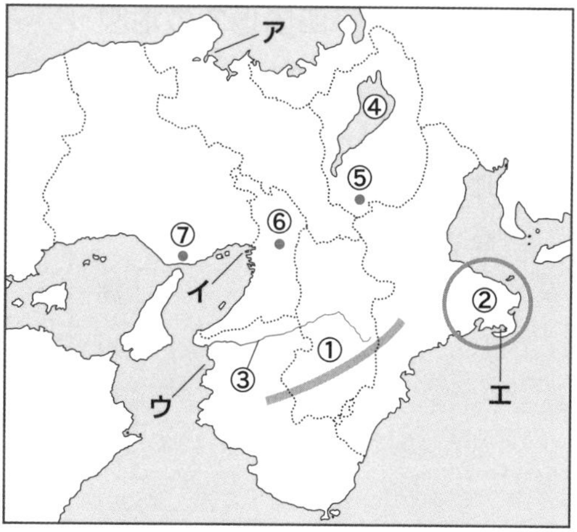

(1) 地図中の①〜④の地名を答えなさい。

① [　　　　] 山地
② [　　　　] 半島
③ [　　　　] 川
④ [　　　　] 湖

(2) 地図中の①の山地の説明として正しいものは，次の**ア**〜**エ**のどれか。記号で答えなさい。 [　　]

ア 日本有数の林業地帯である。　**イ** 古くから牧牛が盛《さか》んである。
ウ なだらかな山地である。　**エ** 乳牛が飼われ酪農《らくのう》が盛んである。

(3) 地図中の③の川の沿岸の傾斜地《けいしゃち》で栽培《さいばい》が盛んな農産物は，次の**ア**〜**エ**のどれか。記号で答えなさい。 [　　]

ア 茶　**イ** みかん　**ウ** もも　**エ** なし

(4) 地図中の⑤で盛んな伝統工業は，次の**ア**〜**エ**のどれか。記号で答えなさい。 [　　]

ア 絹織物　**イ** 漆器《しっき》　**ウ** 陶磁器《とうじき》　**エ** 竹細工

(5) 地図中の⑥で盛んな工業は，次の**ア**〜**エ**のどれか。記号で答えなさい。

ア 鉄鋼　**イ** 電気機械　**ウ** 繊維《せんい》　**エ** 自動車 [　　]

(6) 地図中の⑦は県庁所在地である。この都市名を答えなさい。 [　　　　]

(7) 地図中の**ア**〜**エ**のうち，真珠《しんじゅ》の養殖《ようしょく》が盛んなところはどこですか。 [　　]

月　日

中部地方

合格点 80点

得点　　点

解答 ➡ P.112

1 右の中部地方の地図を見て，次の(1)～(5)の問いに答えなさい。(10点×10)

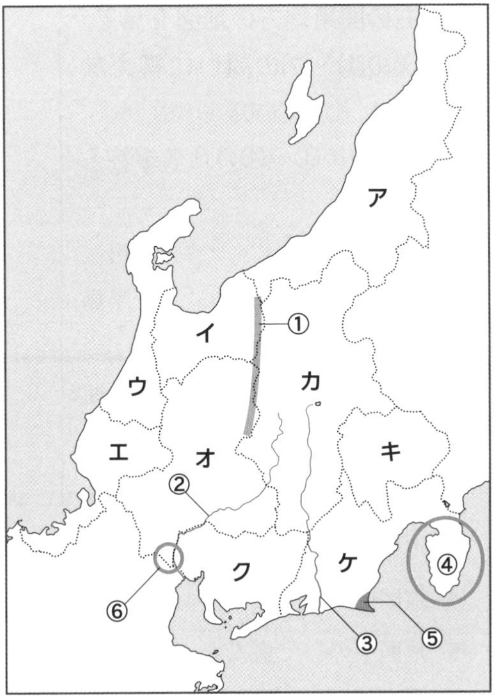

(1) 地図中の①～④の地名を答えなさい。

① [　　　　] 山脈

② [　　　　] 川

③ [　　　　] 川

④ [　　　　] 半島

(2) 地図中の⑤では，多雨と水はけのよい台地を利用して，ある農産物の栽培《さいばい》が盛《さか》んである。この農産物は何ですか。

[　　　　]

(3) 地図中の⑥で，周囲を河川《かせん》の堤防《ていぼう》で囲まれた地域を何といいますか。 [　　　　]

(4) 次のグラフは，輸送用機械器具の出荷額《しゅっかがく》における都道府県別割合を表したものである。A・Bは中部地方の２県であるが，それぞれ何県か。地図中のア～ケからそれぞれ選びなさい。

A [　　　　]

B [　　　　]

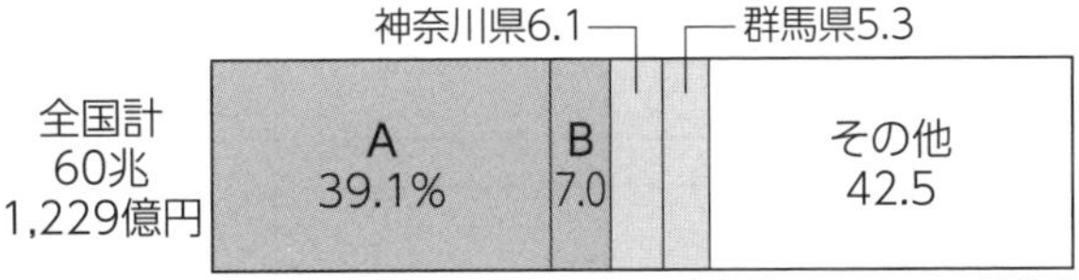

(2014年)　(2017年版「データでみる県勢」)

(5) 次の説明文にあてはまる県を，地図中のア～ケからそれぞれ選びなさい。

① 全国の眼鏡フレームの約９割(2014年)を生産している。 [　　　　]

② 南部は窯業《ようぎょう》が盛ん。北西部の山村が世界遺産に登録されている。 [　　　　]

社会 32

関東地方

月　日

合格点 80点
得点 点

解答 ➡ P.113

1 右の関東地方の地図を見て，次の(1)～(7)の問いに答えなさい。(10点×10)

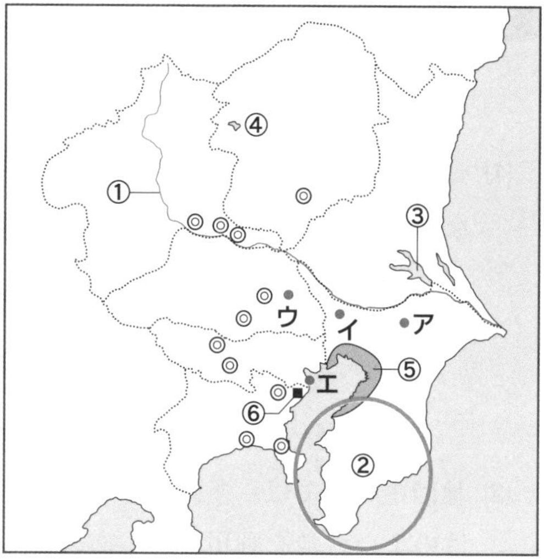

(1) 地図中の①～④の地名を答えなさい。

① [　　　　] 川
② [　　　　] 半島
③ [　　　　]
④ [　　　　] 湖

(2) 地図中の⑤の工業地域名を答えなさい。[　　　　]

(3) 地図中の⑥の鉄鋼業の盛《さか》んな都市名を答えなさい。[　　　　] 市

(4) 地図中の**ア**～**エ**のうち，成田国際空港はどれですか。[　　]

(5) 地図中の◎で盛んな工業を，次の**ア**～**エ**から選びなさい。[　　]

ア 自動車工業　**イ** 鉄鋼業　**ウ** 石油化学工業　**エ** 造船業

(6) 次の**ア**～**エ**のグラフは，全国の人口・面積(ともに2015年)・小売業販売《はんばい》額《がく》・卸売業《おろしうりぎょう》販売額(ともに2014年)に占《し》める東京都の割合を表している。このうち卸売業販売額はどれですか。[　　]

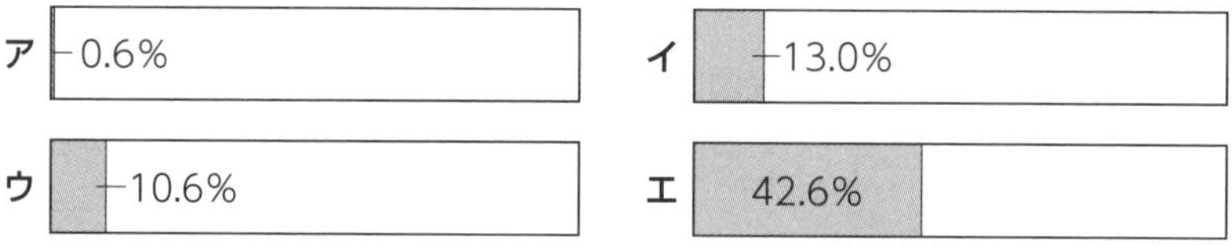

(2017年版「データでみる県勢」)

(7) 政府機関や大企《き》業《ぎょう》の本社が集まる東京都は情報の収集がしやすく，出版社の数が多いことから，ある工業が全国一発達している。ある工業とは何か，答えなさい。[　　　　]

社会

33 東北地方

合格点 80点

得点　　点

解答 ➡ P.113

1 右の東北地方の地図を見て，次の(1)～(4)の問いに答えなさい。（10点×10）

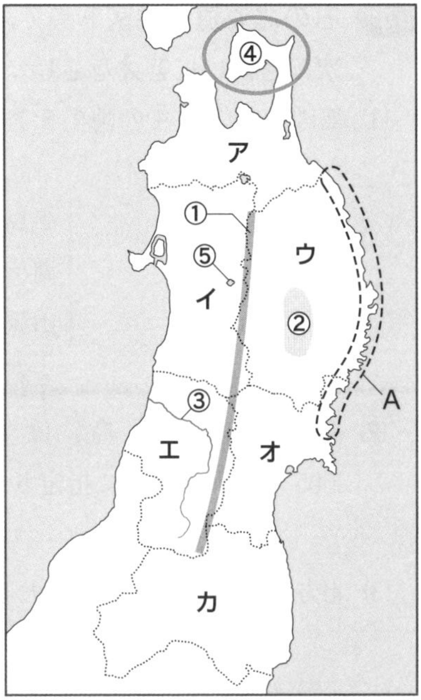

(1) 地図中の①～④の地名を答えなさい。

① [　　　　] 山脈
② [　　　　] 盆地《ぼんち》
③ [　　　　] 川
④ [　　　　] 半島

(2) 地図中の⑤の日本でもっとも深い湖の名称を答えなさい。 [　　　　]

(3) 地図中Aの海岸の南部は，せまい湾《わん》が複雑に入り組んで天然の良港となっている。このような海岸を何といいますか。 [　　　　]

(4) 次の①～④の説明文は，東北地方のどの県を説明したものか。地図中の**ア**～**カ**からそれぞれ選びなさい。

① りんごの生産量は全国の半分以上(2015年)を占《し》め，ほたて貝の養殖《ようしょく》も盛《さか》ん。南西部の県境には，世界遺産に登録された地域がある。[　　]

② 県内を北流する河川《かせん》沿いに，盆地がいくつも連なる。さくらんぼ(おうとう)や西洋なしの生産量(2015年)は全国一多い。 [　　]

②は「果物王国」と呼ばれているよ。

③ 県内にある政令指定都市が東北地方の経済の中心地になっている。県の人口は東北地方でもっとも多い。 [　　]

④ 県内の盆地には，電気機械や情報通信機器などの工場があり，県の工業出荷《しゅっか》額は東北地方でもっとも多い。 [　　]

月　日

社会 34

北海道地方

合格点 80点

得点　　点

解答 ➡ P.113

1 右の北海道の地図を見て，次の各問いに答えなさい。

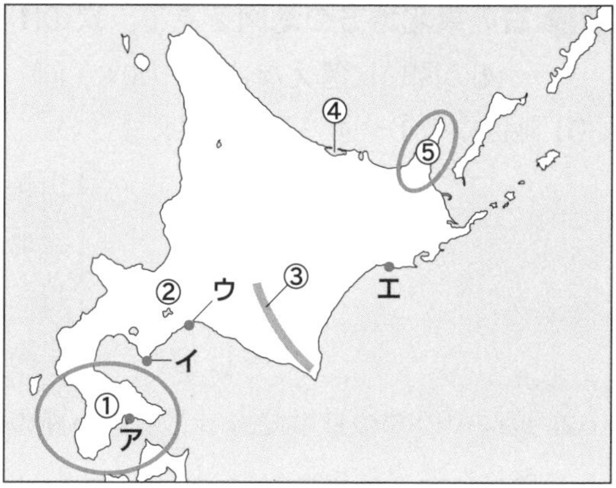

⑴ 地図中の①～④の地名を答えなさい。（7点×4）

① [　　　　] 半島
② [　　　　] 湖
③ [　　　　] 山脈
④ [　　　　] 湖

⑵ 地図中の⑤の半島には，2005年に世界遺産に指定された地域がある。この半島名を答えなさい。

[　　　　]（8点）

⑶ 北方領土のうち，面積の大きい順に2つの島の名を答えなさい。（8点×2）

[　　　　][　　　　]

⑷ 北海道の先住民族の名称《めいしょう》を答えなさい。（8点）　[　　　　]

⑸ 次のア～エの農産物のうち，北海道が生産量の第1位でないものを1つ選びなさい。（8点）　[　　]

ア 小麦　**イ** じゃがいも　**ウ** さつまいも　**エ** てんさい

⑹ 次の①～④の各文は，地図中の**ア**～**エ**の，どの都市を説明したものか。それぞれ記号で答えなさい。（8点×4）

① 鉄鋼業が盛《さか》んな道内最大の工業都市。　[　　]

② 製紙業が盛んで，東部には大規模工業団地があり，掘《ほ》り込《こ》み式の港は道内でもっとも貨物取扱量《とりあつかいりょう》が多い。　[　　]

③ 道内最大で全国でも有数の水揚《みずあ》げ量を誇《ほこ》る漁港を抱《かか》え，水産加工業が発達している。　[　　]

④ 江戸《えど》時代末，幕府が開国した際の開港場の1つである。　[　　]

江戸幕府の成立と鎖国

合格点 80点
得点　　点
解答 ➡ P.113

1 次の各問いに答えなさい。(14点 × 2)

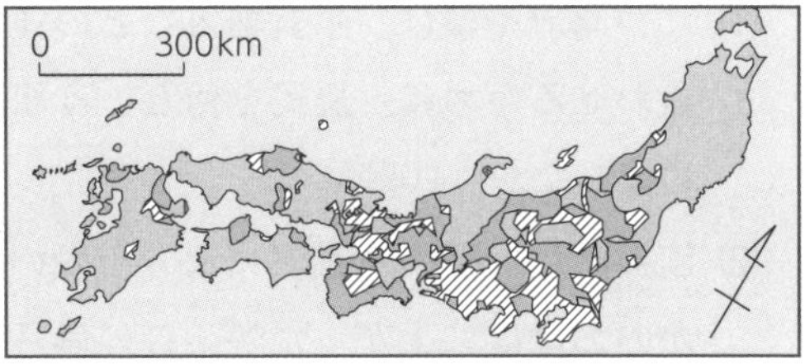

(1) 右の図の▨は幕府《ばくふ》の直轄《ちょっかつ》地《ち》，□は親藩《しんぱん》・譜代《ふだい》大名の領地を示しているが，■は何大名の領地を示していますか。 [　　　　]

(2) 江戸《えど》幕府が大名の統制のために定めた法を何といいますか。 [　　　　]

2 次の各問いに答えなさい。(12点 × 6)

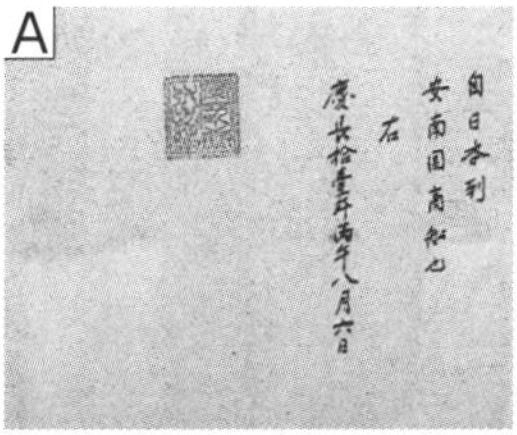

A

B

(1) 幕府が大名や商人に与《あた》えた図 A のような海外渡航《とこう》の許可状を何といいますか。 [　　　　]

(2) 図 B は鎖国中の日本でオランダ人が移住した人工島である。これを何といいますか。 [　　　　]

(3) (2)があった場所を図 C の**ア**～**エ**から選びなさい。 [　　]

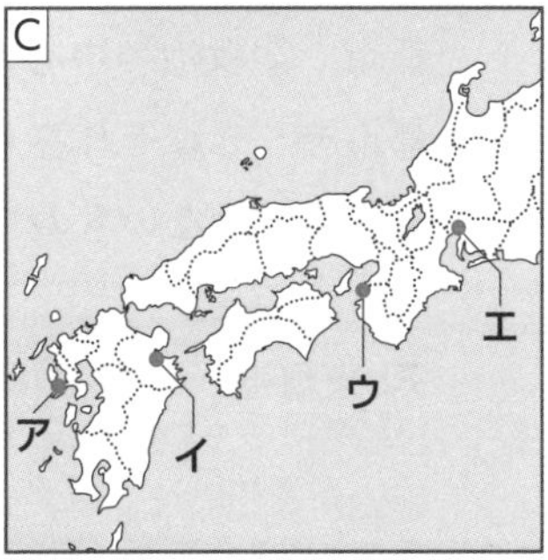

C

(4) 鎖国中の日本の対外関係を説明した，次の文の空らんに適語を入れなさい。

日本は，オランダ・中国以外に，薩摩藩《さつまはん》を通じて[①　　　　]王国と，対馬《つしま》藩を通じて朝鮮《ちょうせん》と交流し，朝鮮からは[②　　　　]使が幕府を訪《おとず》れた。アイヌの人たちとの交易は，松前《まつまえ》藩が独占《どくせん》したが，その不利な交易に対し，[③　　　　]を指導者とする戦いをアイヌの人たちがおこした。

月　日

社会 36

産業・都市の発達

合格点 80点
得点　　点
解答 ➡ P.113

1 次の各問いに答えなさい。

A

B

C

D

(1) 江戸幕府《えどばくふ》や藩《はん》は，年貢《ねんぐ》納入などの連帯責任を負わせるために，農民を何という組織にまとめましたか。(12点)　[　　　]

(2) 江戸時代，図Aの農具により脱穀《だっこく》の作業効率がおおはばに上がったが，この農具を何といいますか。(12点)　[　　　]

(3) 図Bの菱垣廻船《ひがきかいせん》が活躍《かつやく》したころ，都市でつくられていた商工業者の同業組合を何といいますか。(12点)　[　　　]

(4) 図Cは，作業場での分業と協業による織物づくりのようすである。このような生産のしくみをかたかなで答えなさい。(12点)　[　　　]

(5) 図Dは，大阪《おおさか》などに大名が設けた倉庫に，自藩の年貢米や特産物を運びこんでいるようすである。この倉庫を何といいますか。(13点)　[　　　]

(6) ①全国の商業や金融《きんゆう》の中心地という性格から，「天下の台所」と呼ばれた都市，②政治の中心地という性格から，「将軍のおひざもと」と呼ばれた都市を，それぞれ答えなさい。(13点×2)　①[　　　]　②[　　　]

(7) 五街道ではないものを，次の**ア**～**エ**から1つ選びなさい。(13点)　[　　　]

ア 東海《とうかい》道　**イ** 山陽《さんよう》道　**ウ** 中山《なかせん》道　**エ** 奥州《おうしゅう》道中

街道沿いには宿場町
なども形成されたよ。

月　日

社会 37

幕府政治の移り変わり

合格点 80点
得点　　点
解答 ➡ P.113

1 右の年表を見て，次の各問いに答えなさい。（10点×10）

年代	できごと
1680	(①)が5代将軍になる………… A
1716	享保の改革が始まる……………… B
1772	田沼意次が老中になる………… C
1787	寛政の改革が始まる……………… D
1841	水野忠邦が政治改革を行う…… E

(1) 年表中の①にあてはまる人物はだれですか。［　　　］

(2) A，C，Dに関係のあることがらを，次のア～エから選びなさい。Dは2つ答えなさい。

A［　　］　C［　　］　D［　　］［　　］

ア 手賀沼《てがぬま》や印旛沼《いんばぬま》の干拓《かんたく》を進めた。

イ 幕府の学校で朱子学《しゅしがく》以外の学問を学ぶことを禁じた。

ウ 松平定信が老中となり，幕政の改革を進めた。

エ 生類憐《しょうるいあわれ》みの令を出し，人々の不満を買った。

(3) Bの改革について，次の問いに答えなさい。

① この改革を進めた江戸《えど》幕府の8代将軍はだれですか。

［　　　］

② この改革のときに定められた裁判の基準となる法律を何といいますか。

［　　　］

(4) Eの人物について，次の問いに答えなさい。

① この人物が行った政治改革を何といいますか。［　　　］

② 物価の引き下げをはかって，この人物が解散させたものは何ですか。

［　　　］

③ この人物がその結果に危機感をもち，江戸湾《えどわん》の防備態勢を強化することになった，外国でおこった戦いは何ですか。次のア～エから1つ選びなさい。［　　］

ア アヘン戦争　　**イ** インドの大反乱

ウ 独立戦争　　**エ** 南北戦争

③は清とイギリスの戦いだよ。

月　日

社会 38

近代ヨーロッパの成立とアジア侵略

合格点 80点
得点　　点
解答 ➡ P.114

1 次の文章の空らんに適語を入れなさい。(10点×4)

17世紀，イギリスでは二度の革命がおき，二度目の[① 　　　]革命で，王は議会を重視し，国民の自由と権利を守る約束として，[② 　　　]の章典を制定した。北アメリカでは，イギリスの13の植民地が本国からの新税に反発し，1776年に[③ 　　　]宣言を発表した。フランスでも，1789年にフランス革命がおこり，自由・平等・国民主権などをうたう[④ 　　　]宣言が発表された。

2 次の文章を読み，あとの各問いに答えなさい。(10点×4)

イギリスは18世紀の後半，①機械の改良や発明で工業化が進んで社会のしくみが大きく変化し，資本主義の社会が成立した。そして，安い原料や製品の市場を求めた結果，②清《しん》から香港《ホンコン》を手に入れ，インドを自国領とした。

(1) 下線部①のことを何といいますか。[　　　]

(2) 下線部②について，清が香港を譲《ゆず》る原因となった戦争名とその結果結ばれた条約名を答えなさい。[　　　][　　　]

(3) (2)の戦争のあと，太平天国《たいへいてんごく》を建国し，清政府に抵抗《ていこう》した人物はだれですか。[　　　]

3 次の各問いに答えなさい。(10点×2)

(1) 1861年，アメリカ合衆国では貿易や奴隷《どれい》制をめぐる主張の違《ちが》いから南北に分かれた内戦がおこった。この内戦を何といいますか。[　　　]

(2) (1)の内戦の際，演説で「人民の，人民による，人民のための政治」を訴《うった》えた，右図の人物はだれですか。[　　　]

開国と江戸幕府の滅亡

合格点 80点　得点　点

解答 ➡ P.114

1 次の文章を読み，あとの各問いに答えなさい。

右図の黒船でアメリカ合衆国の使節(①)が来航し，1854年にa日米(②)条約が結ばれた。1858年には，b日米修好(③)条約が結ばれ，c日本とアメリカ合衆国との間で貿易が始まった。

(1) (①)～(③)にあてはまる語を書きなさい。

①[　　] ②[　　] ③[　　] (8点×3)

(2) 下線部aによって，日本が開いた港を2つ書きなさい。(8点×2)

[　　][　　]

(3) 下線部bを結んだ幕府の大老《たいろう》はだれですか。(8点) [　　]

(4) 下線部bにあった，日本にとって不平等な内容を2つ書きなさい。(12点)

[　　・　　]

(5) 下線部cの貿易で，日本からの輸出品の大部分を占《し》めていたものを，次のア～エから1つ選びなさい。(8点)

ア 毛織物　**イ** 綿織物　**ウ** 生糸《きいと》　**エ** 茶　[　　]

2 幕末に関する，次の各問いに答えなさい。(8点×4)

(1) 天皇を尊び，外国勢力を追い払《はら》おうとした運動を何といいますか。

[　　]運動

(2) 対立していた薩摩藩《さつまはん》と長州《ちょうしゅう》藩との仲立ちをして薩長《さっちょう》同盟を結ばせた，土佐《とさ》藩出身の人物はだれですか。[　　]

(3) 1867年，将軍徳川慶喜《とくがわよしのぶ》は政権を朝廷《ちょうてい》に返すことを申し出たが，このことを漢字4字で何といいますか。[　　]

(4) (3)の同年，天皇を中心とする政治にもどすことが宣言された。これを何といいますか。[　　]

社会 40

明治維新

合格点 80点
得点 　点
解答 ➡ P.114

1 次の文章を読み，あとの各問いに答えなさい。

幕府《ばくふ》にかわってできた新しい政府は，（ ① ）の御誓《ごせい》文《もん》で政府の方針を発表し，中央集権国家を建設するために，諸大名からa領地と人民を政府に返させたあと，藩を廃止《はいし》して府・（ ② ）を置き，中央から府知事や県令(県知事)を派遣《はけん》した。そして，富国強兵を進めるために，1872年にb6歳《さい》以上の男女に小学校教育を受けさせることを国民の義務とし，（ ③ ）令を出して，満20歳に達した男子に兵役《へいえき》を義務づけ，c年貢《ねんぐ》にかわる租税《そぜい》制度を導入した。また，殖産《しょくさん》興業を進めるため，各地にd官営模範《もはん》工場を建てて，近代産業の育成をはかった。

図Ⅰ

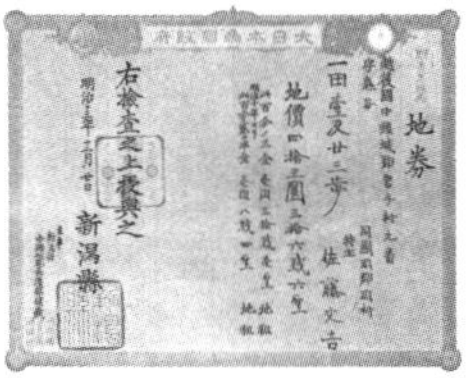

図Ⅱ

地券
紀伊国名草郡キシ中村西二十六番
字鳥居本坪　　持主
一　田一畝四歩　　（氏名）
A 六円五十三銭六厘
此百分ノ B 金十六銭三厘　地租
右検査之上授与之
明治十六年三月七日　和歌山県

⑴ （ ① ）～（ ③ ）にあてはまる語を答えなさい。(11点×3)

①［　　　］　②［　　　］　③［　　　］

⑵ 下線部aを漢字4文字で何というか答えなさい。(11点)［　　　］

⑶ 下線部bについて，何という法令にもとづき，小学校教育が義務づけられましたか。(12点)

［　　　］

⑷ 下線部cを漢字4文字で何というか答えなさい。(11点)［　　　］

⑸ 下線部cに関して，図Ⅰはそのとき発行された地券の1つで，図Ⅱはその地券の内容を表したものである。(11点×2)

① 図Ⅱ中のAにあてはまる語を答えなさい。［　　　］

② 図Ⅱ中のBには税率があてはまる。ここでは，租税制度改正への反対一揆後の税率の数字があてはまる。この数字を算用数字で答えなさい。

［　　　］

⑹ 下線部dのうち，群馬県に建設された生糸《きいと》の工場を何といいますか。

(11点)［　　　］

社会 41

自由民権運動と国会の開設

合格点 80点
得点　点
解答 ➡ P.114

1 次の各問いに答えなさい。（10点×10）

A

B

C

D

(1) Aが郷里で政府に不満を抱《いだ》く人々におされておこした反乱（戦争）は何ですか。 [　　　　]

(2) (1)など，政府に不満を抱いて各地で反乱をおこしていた人々の身分を，次の**ア**～**エ**から１つ選びなさい。

ア 華族《かぞく》　**イ** 平民　**ウ** 士族《しぞく》　**エ** 僧侶《そうりょ》

[　　　　]

(3) A・Bは，朝鮮《ちょうせん》に武力で開国を迫《せま》ることを主張したが，反対されて政府の役職から退いた。この主張を何といいますか。 [　　　　]

(4) 政府は，1875年の江華島《カンファド》《こうかとう》事件をきっかけに朝鮮に不利な条約を結ばせ開国させた。この条約を何といいますか。

[　　　　]

(5) Bが政府を去ったあと，1874年に政府に要求書を提出して開設を求めたものは何ですか。 [　　　　]

(6) 政府が(5)の開設を約束したことをうけて，Bが結成した政党を答えなさい。 [　　　　]

(7) (6)が結成された翌年，Cがイギリス流の議会政治を目ざして結成した政党名を答えなさい。 [　　　　]

(8) Dはヨーロッパに留学し，憲法の草案を作成したが，このあと発布された憲法の名称《めいしょう》を答えなさい。

[　　　　]

(9) (8)の憲法では，だれに国の主権がありましたか。 [　　　　]

(10) (8)の憲法発布の翌年に出され，「忠君愛国《ちゅうくんあいこく》」を国民道徳とした教育の基本方針は何ですか。 [　　　　]

社会 42

日清・日露戦争と資本主義の発達

月　日

合格点 80点
得点　点

解答 ➡ P.114

1 次の文章の空らんに適語を入れ，あとの各問いに答えなさい。(10点×8)

右の図は，東アジアの国際関係をえがいた風《ふう》刺画《しが》で，日本と清《しん》が朝鮮《ちょうせん》をめぐって対立し，[①　　　　]がそれを利用してアジアで勢力を伸《の》ばそうとうかがっているところである。a朝鮮でおこった争乱をきっかけに日清《にっしん》戦争が始まり，勝利を収めた日本は[②　　　　]半島や台湾《たいわん》などを得たが，b(①)が(②)半島の清への返還《へんかん》を迫《せま》り，日本はやむをえずこの要求に応じた。その後，(①)が中国東北部に軍隊を置くなどしたため，日本はそれを阻止《そし》しようと，利害が一致《いっち》した[③　　　　]と同盟を結んで，(①)との戦争に踏《ふ》み切り，勝利を収めた。そして，[④　　　　]条約でc長春《チャンチュン》・旅順《リュイシュン》間の鉄道の権利などを得た日本は，優越《ゆうえつ》権が認められたd朝鮮(韓国《かんこく》)を植民地化していった。

(1) 下線部aの争乱を何といいますか。　[　　　　]

(2) 下線部bについて，このとき(①)とドイツとともに日本に返還を迫った国を答えなさい。　[　　　　]

(3) 下線部cの鉄道を運営するために日本がつくった会社を何といいますか。　[　　　　]

(4) 下線部dについて，韓国統監《とうかん》として派遣《はけん》され，その後，安重根《アンジュングン》《あんじゅうこん》に暗殺されたのはだれですか。　[　　　　]

2 次の各問いに答えなさい。(10点×2)

(1) 足尾《あしお》銅山の鉱毒問題について，天皇に直訴《じきそ》するなど，生涯《しょうがい》を通じてこの問題に取り組んだのはだれですか。　[　　　　]

(2) 1910年，天皇の暗殺を計画した容疑で幸徳秋水《こうとくしゅうすい》ら社会主義者が逮捕《たいほ》された事件を何といいますか。　[　　　　]

回路と電流・電圧

合格点 80点
得点　　点

解答 ➡ P.115

1 電熱線に加わる電圧と回路に流れる電流を調べた。次の問いに答えなさい。

(1) 図1で，電熱線に加わる電圧と，回路に流れる電流をはかるときの，電流計，電圧計の正しいつなぎ方を，図に描《か》き入れなさい。(20点)

図1

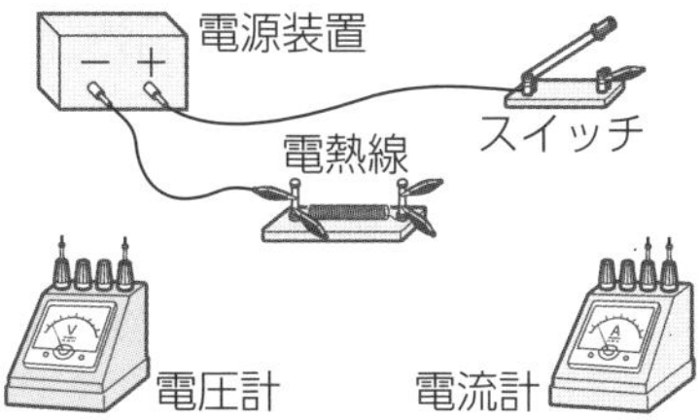

(2) 電流計と電圧計の目盛りの数値について，①，②に答えなさい。

① 5Aの－端子《たんし》を用いた電流計の針は，図2のようになった。電流計が示す値は何Aですか。(10点)　[　　　]

図2

② 3Vの－端子を用いた電圧計の針は，図3のようになった。電圧計が示す値は何Vですか。(10点)　[　　　]

図3

2 電熱線P，Qを用いて，右の図のような回路をつくった。次の問いに答えなさい。(15点×4)

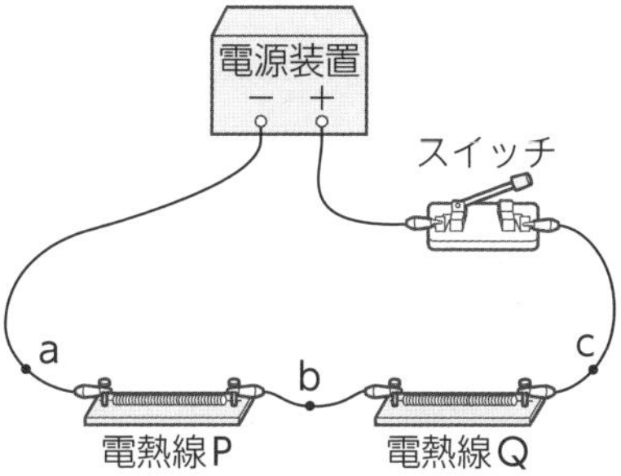

(1) 電源装置の電圧を12Vにして電流を流したところ，ab間の電圧の大きさは4Vであった。bc間，ac間の電圧の大きさはそれぞれ何Vですか。

bc間 [　　　]　ac間 [　　　]

(2) ある大きさの電圧を加えて電流を流したところ，点aを流れる電流の大きさは3Aであった。点b，cを流れる電流の大きさはそれぞれ何Aですか。

点b [　　　]　点c [　　　]

月　日

電流・電圧と抵抗との関係

合格点 80点
得点　点
解答➡P.115

1 電熱線a，bを用いて，実験を行った。あとの問いに答えなさい。

〔実験1〕 電熱線aを用いて図1のような回路をつくり，電圧計が示す値《あたい》が，3.0 V，6.0 V，…となるように調整して電流を流し，電流計が示す値を調べた。

図1

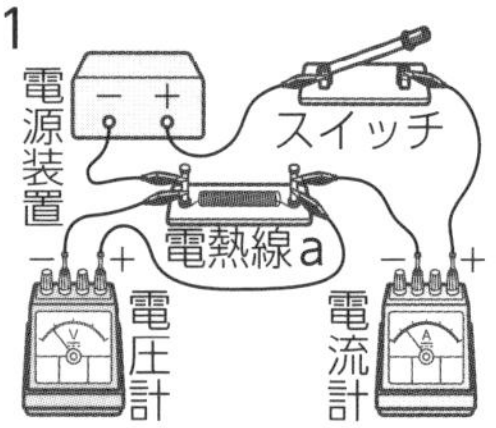

〔実験2〕 電熱線a，bを用いて図2のような回路をつくり，実験1と同様の操作を行った。表は，実験1，2の結果をまとめたものである。

図2

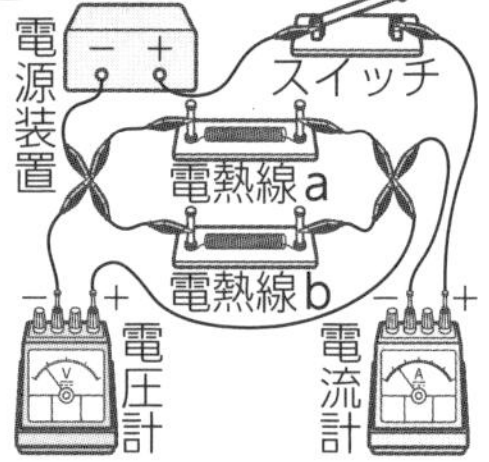

電圧計〔V〕		0	3.0	6.0	9.0	12.0
電流計〔A〕	実験1	0	0.2	0.4	0.6	0.8
	実験2	0	0.3	0.6	0.9	1.2

(1) 電熱線aの抵抗《ていこう》の大きさは何Ωですか。（20点）

［　　　］

(2) 実験1の回路で，5Aの−端子《たんし》を用いた電流計の針は図3のようになった。電圧計が示す値は何Vですか。（20点）

［　　　］

図3

(3) 図2の回路図を，電気用図記号を用いて，枠内《わくない》に描《か》きなさい。（電熱線aと電熱線bは区別しなくてもよいものとします。）（20点）

(4) 実験2の回路全体の抵抗の大きさは何Ωですか。（20点）

［　　　］

(5) 実験2の回路で，電圧計が4.5 Vを示すとき，電熱線bを流れる電流の大きさは何Aですか。また，電熱線bの抵抗の大きさは何Ωですか。（10点×2）

電流［　　　］　抵抗［　　　］

月　日

電流の利用

合格点 80点
得点 点
解答 ➡ P.115

1 電力の大きさと発熱の関係を調べるために，図のような装置をつくり，実験を行った。電熱線A(6V-6W)，電熱線B(6V-9W)，電熱線C(6V-18W)に，それぞれ6Vの電圧を加えて5分間電流を流し，水の上昇《じょうしょう》温度を調べた。表は，その結果をまとめたものである。あとの問いに答えなさい。(20点×4)

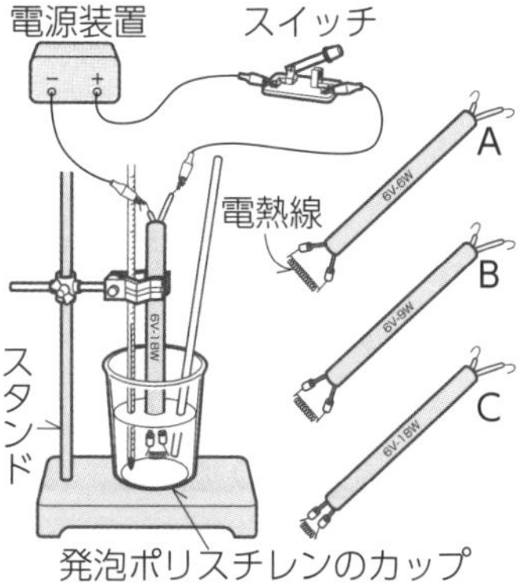

電熱線	A	B	C
水の上昇温度〔℃〕	4.2	6.3	12.6

(1) A～Cの電熱線のうち，6Vの電圧を加えたときに流れる電流の大きさが最も大きいものはどれですか。

(2) 表から，同じ大きさの電圧を加えて一定時間電流を流したとき，電熱線の電力と水の上昇温度にはどのような関係があるといえますか。

(3) 電熱線Aに6Vの電圧を加えて5分間電流を流したとき，電熱線Aから発生した熱量は何Jですか。

(4) 電熱線Bと電熱線Cにそれぞれ同じ大きさの電圧を加えて5分間電流を流し，水の上昇温度を調べた。電熱線Bでは，水の温度が4.8℃上昇したとすると，電熱線Cでは水の温度は何℃上昇すると考えられるか。最も近いものを**ア**～**エ**から選びなさい。

ア 3.2℃　**イ** 4.8℃　**ウ** 7.2℃　**エ** 9.6℃

2 100V-800Wの表示のある電気ストーブを100Vの電源につないで，10分間つけた。次の問いに答えなさい。(10点×2)

(1) 電気ストーブに流れる電流は何Aですか。

(2) このとき消費された電力量は何Jですか。

月　日

静電気と電流

合格点 80点

得点　　点

解答 ➡ P.115

1 プラスチックの下じきで髪《かみ》の毛をこすって，下じきを持ち上げると，右の図のように髪の毛が下じきに引きつけられて逆立った。この理由を説明した次の文の①，②にあてはまる記号と語句の組み合わせとして最も適切なものを，あとの**ア**～**エ**から選びなさい。（20点）

下じきで髪の毛をこすったとき，（ ① ）の電気が（ ② ）に移動して，下じきは－の電気を，髪の毛は＋の電気を帯びたためである。［　　］

ア ①＋，②髪の毛から空気中　**イ** ①＋，②空気中から下じき

ウ ①－，②髪の毛から下じき　**エ** ①－，②下じきから髪の毛〔岡山一改〕

2 真空放電管を使って，右の図のような装置をつくった。スイッチを入れると，管内の蛍光板《けいこうばん》に明るい線が出た。次の問いに答えなさい。（15点×4）

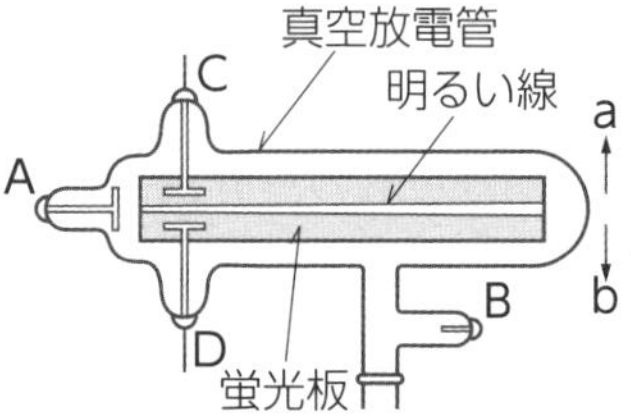

(1) ＋極は図のA，Bのどちらですか。［　　］

(2) 次の文の①～③に適切な語句や記号を書き入れなさい。

図の明るい線を，［①　　］という。（ ① ）は電子の流れで，電子は［②　　］の電気を帯びている。このとき，別の電源装置を使って，図のCを＋極，Dを－極になるように電圧をかけると，明るい線は図のa，bの［③　　］のほうに曲がる。

3 次の問いに答えなさい。（10点×2）

(1) レントゲンが発見した，真空放電管から出る電磁波の一種を何といいますか。［　　］

(2) (1)や原子核《げんしかく》から出る高速の粒子《りゅうし》の流れなどを総称《そうしょう》して何といいますか。［　　］

47 電流と磁界

月　日

合格点 70点

得点　　点

解答 ➡ P.116

1 電流と磁界の関係を調べるために，次の手順で実験を行った。あとの問いに答えなさい。

〔操作1〕 厚紙の中心に導線を通したものを用意し，図1のような回路をつくった。導線のまわりに方位磁針を置き，電流を流して磁界の向きを調べた。

〔操作2〕 図1のab間の導線をはずし，厚紙に通したコイルをつないだ。図2のようにコイルのまわりに方位磁針を置き，電流を流して磁界の向きを調べた。

図1

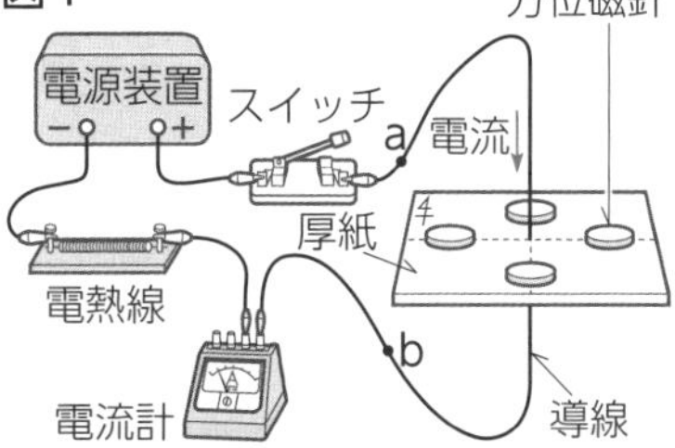

図2

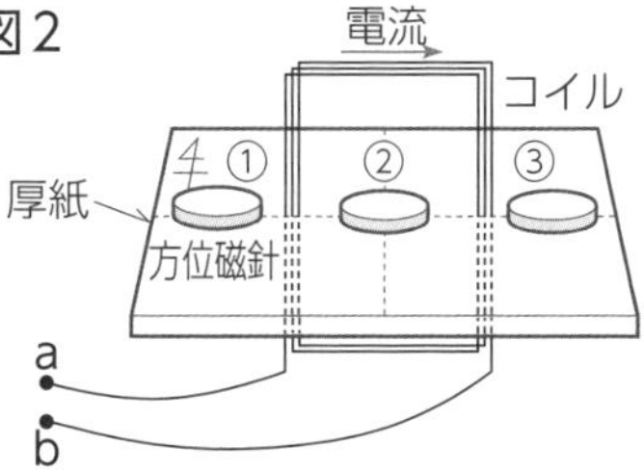

(1) 操作1で，導線のまわりに置いた方位磁針はどのようになっているか。真上から見た図として最も適切なものを次の**ア**～**エ**から選びなさい。(30点)　[　　　]

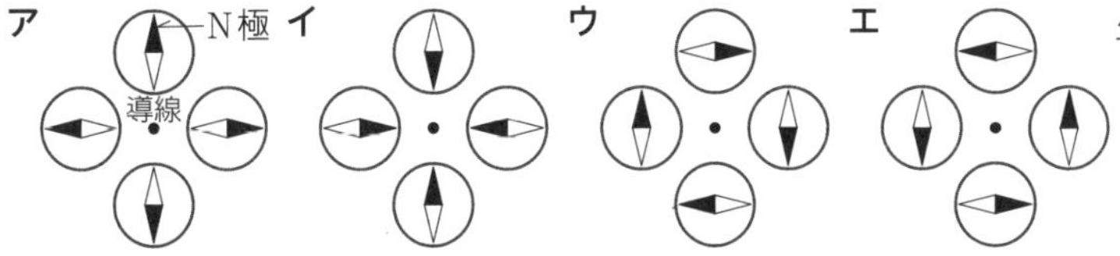

(2) 操作2で，方位磁針①～③はどのようになっているか。(1)の図を参考にして，真上から見た図を描《か》きなさい。(35点)

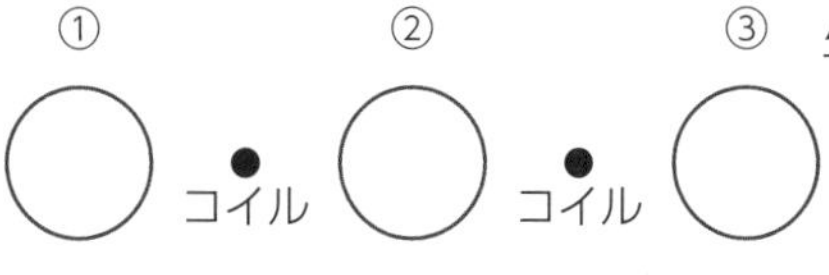

(3) 操作2で電流の向きを逆にしたとき，方位磁針は(2)と比較《ひかく》してどのようになりますか。(35点)

[　　　　　　　　　　　　　　　　　　　　　　　　]〔島根―改〕

月　　日

電磁誘導と発電

合格点 80点
得点　　　点
解答 ➡ P.116

1 右の図は，棒磁石のN極をコイルに近づけているときにコイルに流れる電流の向きを表したものである。次の問いに答えなさい。

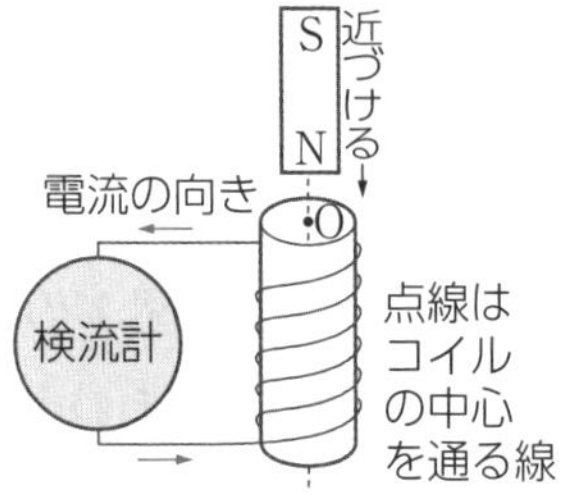

(1) コイルに流れる電流を何といいますか。（15点）

[　　　　　]

(2) 図と同じ向きの電流が流れるものを，次の**ア**～**エ**から選びなさい。（15点）

[　　　]

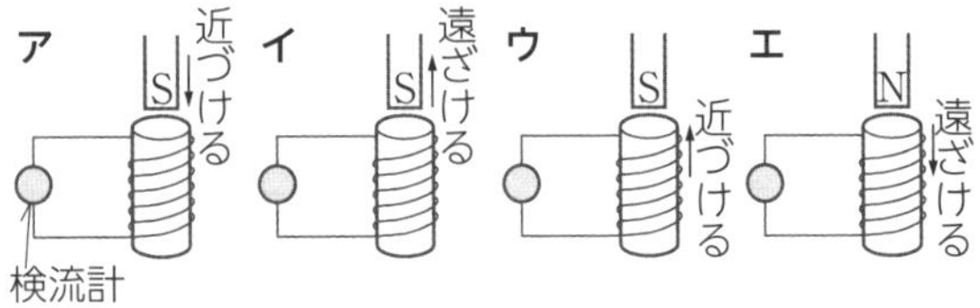

電流の向きは棒磁石の極と動きで決まるよ。

(3) 図のコイルに流れる電流を大きくするには，棒磁石を動かす速さをどうすればよいですか。（15点）

[　　　　　]

(4) 図のコイルに流れる電流を大きくするには，コイルの巻数をどうすればよいですか。（15点）

[　　　　　]

(5) コイルに電流が流れる現象を利用して，電流を得ている装置を，次の**ア**～**エ**から選びなさい。（10点）

[　　　]

ア 電　球　　**イ** 電磁石　　**ウ** 発電機　　**エ** モーター

〔大分一改〕

2 家庭で使うコンセントの電流と，乾電池《かんでんち》の電流について，次の問いに答えなさい。（10点×3）

(1) コンセントの電流は，向きや大きさが絶えず変化する電流である。この電流を何といいますか。

[　　　　]

(2) 乾電池の電流は向きや大きさがどのような電流ですか。

[　　　　　　　　　　　　]

(3) (2)の電流を何といいますか。

[　　　　]

物質の分解

合格点 80点　得点　　点

解答 ➡ P.116

1 試験管Aに炭酸水素ナトリウムを入れ，図のように加熱したところ，気体が発生した。加熱後，試験管Aの口付近には，液体がついた。次の問いに答えなさい。

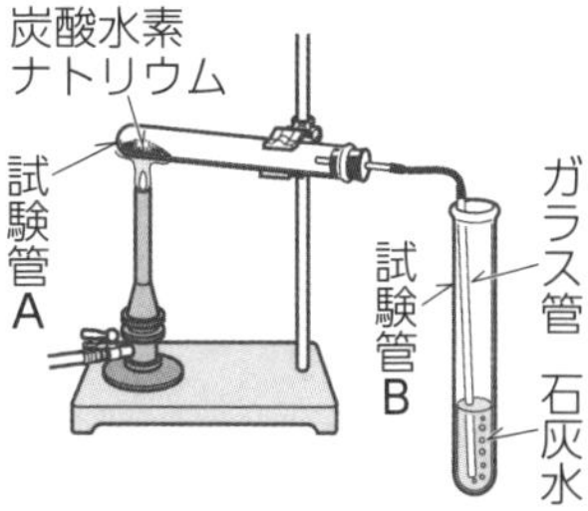

(1) 試験管Aの口のほうを少し下げて加熱したのはなぜですか。（20点）

[　　　　　　　　　　　　　　　　　　　　　　]

(2) 発生した気体について説明した文として最も適切なものを，次の**ア**～**エ**から選びなさい。（15点）　[　　　]

ア 空気より密度が小さく，火を近づけると激しい爆発《ばくはつ》を起こす。

イ 激しく鼻をさすような特有のにおいがある。

ウ 空気より密度が大きく，水に少しとけて，水溶液《すいようえき》は酸性を示す。

エ 水にわずかしかとけず，物質を燃やすはたらきがある。

(3) 試験管Bに入れた石灰水《せっかいすい》はどうなりますか。（15点）

[　　　　　　　　　　]

(4) 試験管Aの口付近につく液体は何か，物質名を書きなさい。また，その液体を確認する方法を書きなさい。（10点×2）

物質名 [　　　　]　方法 [　　　　　　　　　　　　　　]〔沖縄一改〕

2 少量の水酸化ナトリウムをとかした水に電流を流すと，両極から気体が発生した。次の問いに答えなさい。（10点×3）

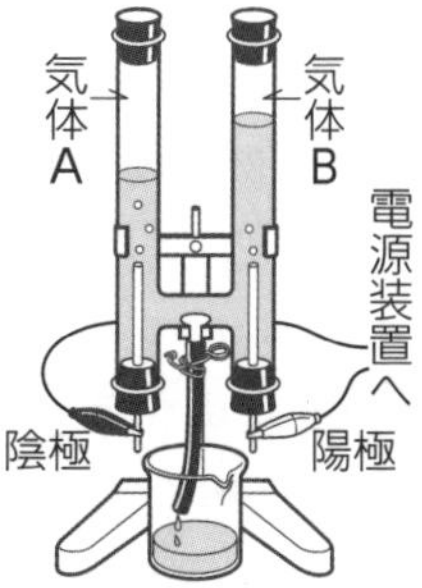

(1) 水に少量の水酸化ナトリウムをとかしたのはなぜですか。 [　　　　　　　　　　　　]

(2) 気体A，気体Bはそれぞれ何か，気体名を書きなさい。

A [　　　　]　B [　　　　]

月　日

理科 50

化学式・化学反応式

合格点 80点
得点 　点

解答 ➡ P.116

1 次の文の①～③に，適切な語句を入れなさい。(5点×3)

物質を構成している最小の粒子《りゅうし》を[① 　　　]といい，物質を構成している(①)の種類を[② 　　　]という。また，(①)がいくつか結びついてできる粒子を[③ 　　　]という。

2 次の物質の化学式を，元素記号を使って書きなさい。また，それぞれの分子のモデルを，例を参考にして書きなさい。なお，水素原子を○，酸素原子を●，炭素原子を◎で表すものとする。(5点×6)

〔例〕水素　○○

(1) 二酸化炭素　化学式[　　　]　モデル[　　　]

(2) 水　化学式[　　　]　モデル[　　　]

(3) 酸　素　化学式[　　　]　モデル[　　　]

原子の数は原子の右下に数字をつけて表すよ。

3 次の①～⑤の物質について，あとの問いに答えなさい。

① 水　素　② 二酸化炭素　③ アンモニア

④ 銅　⑤ 塩化ナトリウム

(1) ①～⑤の物質を単体と化合物に分類し，その番号を書きなさい。(5点×2)

単体[　　　]　化合物[　　　]

(2) ③の物質の化学式を表しなさい。(10点)　[　　　]

(3) ⑤の物質について，原子の種類とその数の比を，例を参考にして書きなさい。(15点)

〔例〕酸化銀，酸素原子：銀原子 =1：2

[　　　]

4 次の化学変化を化学反応式で表しなさい。(10点×2)

(1) 炭酸水素ナトリウムの熱分解　[　　　]

(2) 水の電気分解　[　　　]

いろいろな化学変化①

月　日

合格点 80点

得点　点

解答 ➡ P.116

1 右の図のように，スチールウールを空気中で十分に加熱した。次の問いに答えなさい。(10点×3)

(1) 加熱後の物質の質量は，加熱前のスチールウールの質量より増加していた。この理由を書きなさい。

[　　　　　　　　　　　　　　　　　　　　　　　　]

(2) 加熱前のスチールウールと加熱後の物質をそれぞれうすい塩酸に入れたとき，気体が発生するのはどちらですか。 [　　　　]

(3) 加熱後にできた物質の物質名を書きなさい。 [　　　　]

2 鉄粉 14 g と硫黄《いおう》の粉末 8 g を混ぜ合わせ，図1のように試験管A，Bに半分ずつ入れ，次の実験を行った。あとの問いに答えなさい。

図1

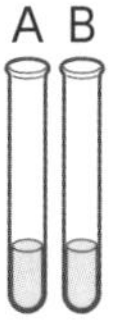

図2

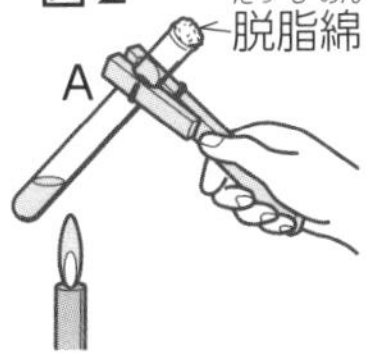

〔実験1〕 図2のように，試験管Aの物質を加熱し，反応が始まったところで加熱をやめたが，その後も反応は続いた。反応が終わり，温度が下がるのを待った。試験管Bはそのままにした。

〔実験2〕 試験管A，Bの物質にそれぞれ磁石を近づけた。

〔実験3〕 試験管A，Bの物質にそれぞれうすい塩酸を数滴《すうてき》加えた。

(1) 実験1で，加熱をやめても反応が続いた理由を書きなさい。(20点)

[　　　　　　　　　　　　　　　　　　　　　　　　]

(2) 実験2で，試験管A，Bの物質は磁石に引きつけられましたか。(10点×2)

A [　　　　]　B [　　　　]

(3) 実験3で，試験管A，Bの物質から気体が発生した。発生した気体の気体名を書きなさい。(10点×2)

A [　　　　]　B [　　　　]

(4) 実験1で，試験管Aで起こった反応を化学反応式で表しなさい。(10点)

[　　　　　　　　　　　　　　　　　　　　　　　　]〔山梨―改〕

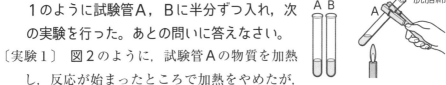

理科 52 いろいろな化学変化②

合格点 80点
得点 　点
解答 ➡ P.117

1 酸化銅と炭素の粉末の混合物を試験管Aに入れ，右の図のように加熱したところ，気体が発生して試験管Bの石灰水《せっかいすい》が白くにごり，加熱後，試験管Aには銅が残った。次の問いに答えなさい。

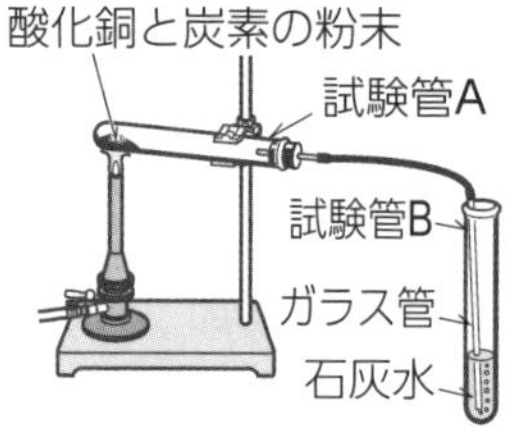

(1) 酸化銅に起こった化学変化について述べた次の文の①〜③に，適切な語句を入れなさい。（10点×3）

酸化銅は［①　　　］に［②　　　］を奪《うば》われて銅になった。このように物質が(②)を奪われる化学変化を［③　　　］という。

(2) この実験で起こった化学変化を化学反応式で表しなさい。（20点）

［　　　　　　　　　　　　］

(3) 加熱をやめるとき，ガラス管を石灰水の中から出してから，ガスバーナーの火を消した。このようにする理由を書きなさい。（20点）

［　　　　　　　　　　　　］

2 右の図のように，塩化アンモニウムと水酸化バリウムをビーカーに入れ，水でぬらしたろ紙をかぶせて，ガラス棒でかき混ぜながら温度変化を調べた。次の問いに答えなさい。（15点×2）

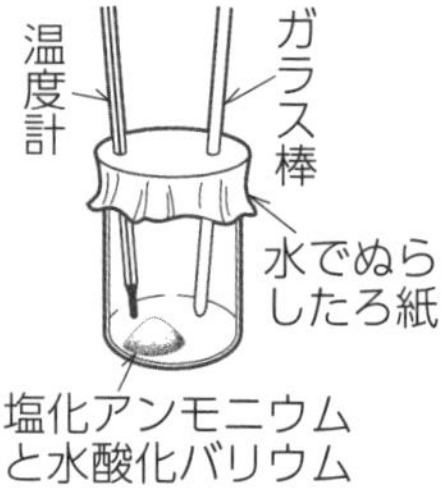

(1) 実験について述べた文として最も適切なものを，次の**ア**〜**エ**から選びなさい。　［　　　］

ア　化学変化によって周囲に熱を放出し，温度が上がった。

イ　化学変化によって周囲に熱を放出し，温度が下がった。

ウ　化学変化によって周囲から熱を吸収し，温度が上がった。

エ　化学変化によって周囲から熱を吸収し，温度が下がった。

(2) (1)のような温度変化をともなう化学変化を何といいますか。　［　　　］

化学変化と物質の質量

月　日

合格点 80点
得点　点
解答 ➡ P.117

1 右の図のようにして，ふたを閉めたプラスチックの容器の中で，炭酸水素ナトリウムとうすい塩酸を反応させたところ，気体が発生した。反応の前後で容器全体の質量をはかり，さらに，ふたをはずしたのち，ふたも含《ふく》めた容器全体の質量をはかった。次の問いに答えなさい。

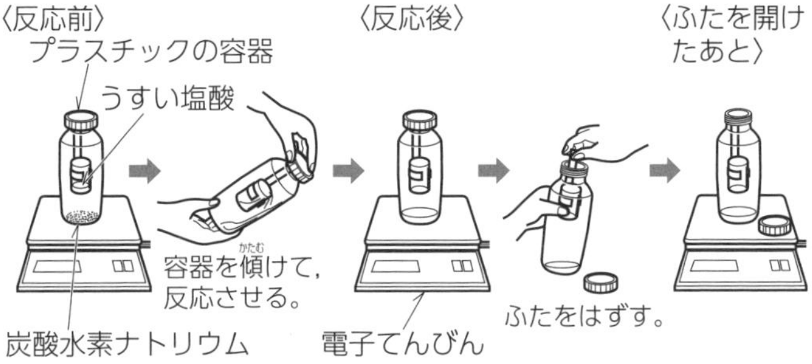

(1) 炭酸水素ナトリウムとうすい塩酸が反応すると，気体が発生する。発生する気体の化学式を書きなさい。（15点）　[　　　]

(2) ふたを閉めて実験を行った場合，反応の前後で，容器を含めた全体の質量はどのようになりますか。（15点）　[　　　]

(3) 反応後にふたをはずすと，ふたを含めた容器全体の質量はどのようになりますか。また，その理由を書きなさい。（10点×2）　質量[　　　]
理由[　　　]〔静岡一改〕

2 右の図のようにして，2.0 g の銅粉を十分に加熱したところ，黒色の物質が 2.5 g できた。次の問いに答えなさい。

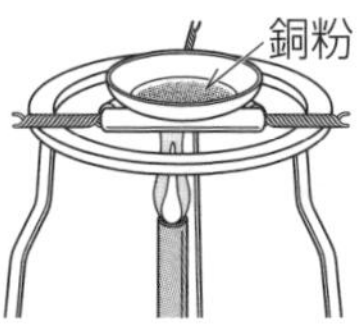

(1) 銅粉を加熱してできた黒色の物質は何か，物質名を書きなさい。（10点）　[　　　]

(2) この実験で銅と化合した酸素の質量は何 g ですか。（20点）　[　　　]

(3) 4.0 g の銅粉を十分に加熱したときにできる黒色の物質の質量は何 g ですか。（20点）　[　　　]

月　　日

からだをつくる細胞

合格点 80点
得点　　点
解答 ➡ P.117

1 ①，②の図は動物と植物の細胞《さいぼう》を染色液で染めたあとに顕微鏡《けんびきょう》で観察したものである。次の問いに答えなさい。

⑴ ①，②の図のうち，植物の細胞はどちらか。その番号を書きなさい。また，そのように選んだ理由を書きなさい。（10点×2）

①
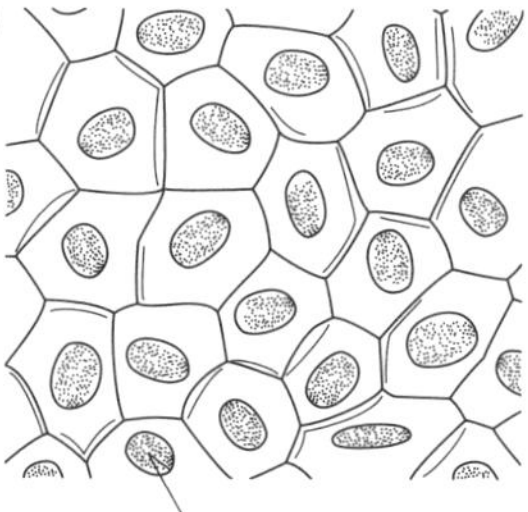
A

②
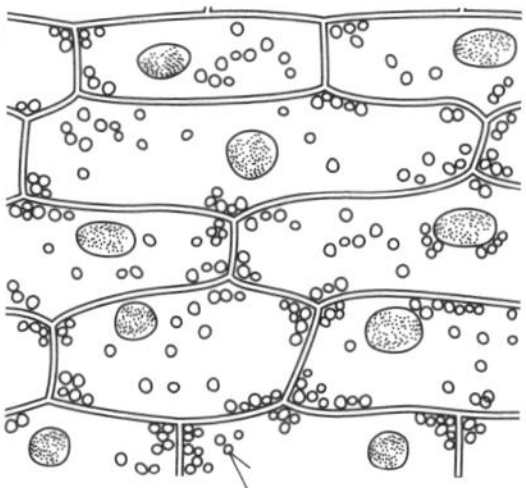
B

番号［　　］
理由［　　　　　　　　］

⑵ ①の図のAを観察しやすくするために使う薬品名を書きなさい。（10点）
［　　　　］

⑶ ②の図のBは染色液で染色される前は何色をしているか。次の**ア**～**エ**から選びなさい。（10点）［　　］
ア 緑　色　**イ** 黄　色　**ウ** 赤　色　**エ** 白　色

⑷ 植物のからだを支えるために役立っているもので，動物の細胞のつくりの中にはないものは何ですか。（15点）［　　　　］

⑸ この観察に使われた植物と動物のからだは多数の細胞からできている。このような生物を何といいますか。（15点）［　　　　］

⑹ 次の**ア**～**エ**のうち，からだが１個の細胞だけからできている生物はどれか。すべて選びなさい。（10点）［　　　　］
ア ミジンコ　**イ** アメーバ　**ウ** ゾウリムシ　**エ** バ　ラ

⑺ 次の文のa，bに適切な語句を入れなさい。（10点×2）
⑸の生物は，形やはたらきが同じ細胞が集まって［a　　　　］をつくり，何種類かの（ a ）が集まって［b　　　　］をつくる。

月　日

植物のからだのはたらき

合格点 80点
得点　点
解答 ➡ P.117

1 ホウセンカを用いて次の実験を行った。あとの問いに答えなさい。

〔実験〕 葉の数や大きさ，茎《くき》の太さがほぼ同じホウセンカA，Bを用意し，Bは葉をすべて切りとり，切り口にワセリンをぬった。図のように，同量の水を入れたメスシリンダーにA，Bをさし，水面に少量の油を注いだ。風通しのよい明るい場所に数時間置き，水の減少量を調べた。表は，その結果である。

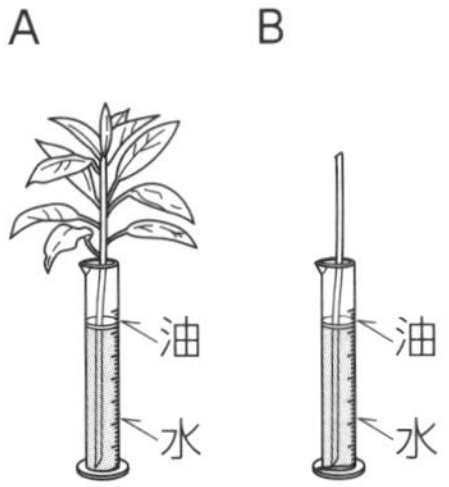

ホウセンカ	A	B
水の減少量〔cm^3〕	7.4	0.2

(1) 実験で，水面に少量の油を注いだのはなぜですか。(20点)

［　　　　　　　　　　］

(2) 葉から出ていった水の量は，茎から出ていった水の量の何倍ですか。(20点)

［　　　　］

(3) 実験について述べた次の文の①，②に，適切な語句を入れなさい。(10点×2)

実験で，水の量が減少したのは，葉にある［①　　　　］から水が水蒸気となって出ていったからである。この現象を［②　　　　］という。

2 図1はある植物の茎のつくりを，図2はその植物の根のつくりを模式的に表したものである。次の問いに答えなさい。(10点×4)

図1

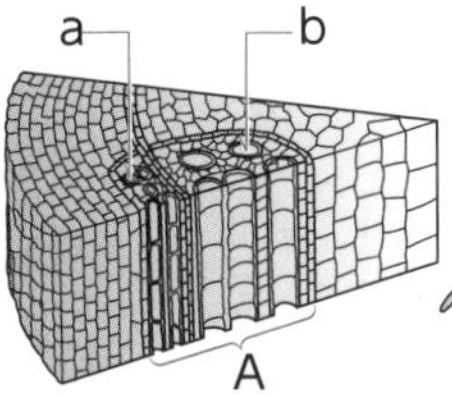

図2

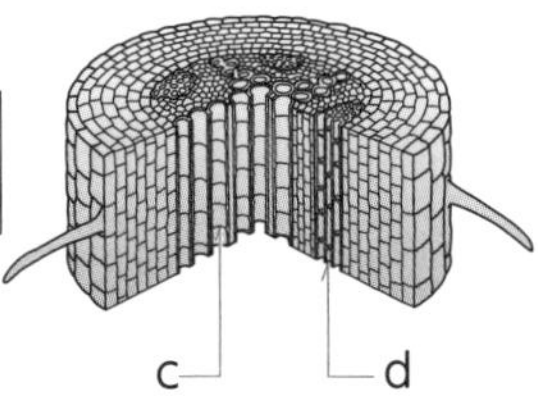

(1) 図1のa，bの管をそれぞれ何といいますか。

a［　　　　］　b［　　　　］

(2) 図1のAの部分を何といいますか。

［　　　　］

(3) 葉でつくられた栄養分を植物のからだ全体に運ぶ管を，図1，図2のa～dから2つ選びなさい。

［　　　　］〔青森―改〕

理科

月　日

56 光合成

合格点 80点

得点　点

解答 ➡ P.117

1 オオカナダモを用いて，光合成について調べる実験を次のⅠ～Ⅳの手順で行った。あとの問いに答えなさい。

Ⅰ．４本の試験管Ａ～Ｄを用意し，試験管Ａ，Ｂには二酸化炭素を除いた水を，試験管Ｃ，Ｄには二酸化炭素を十分にとかした水を入れた。

Ⅱ．暗室に１日置いた同じ長さのオオカナダモを，それぞれ４本の試験管Ａ～Ｄに入れたあと，気泡《きほう》が入らないようにゴム栓《せん》をした。

Ⅲ．右の図のように，試験管Ａ，Ｃをアルミニウムはくで包み，試験管Ｂ，Ｄとともに，日光があたる場所に置いた。数時間後，試験管Ａ，Ｂ，Ｃには気体が見られなかったが，試験管Ｄには気体がたまっていた。

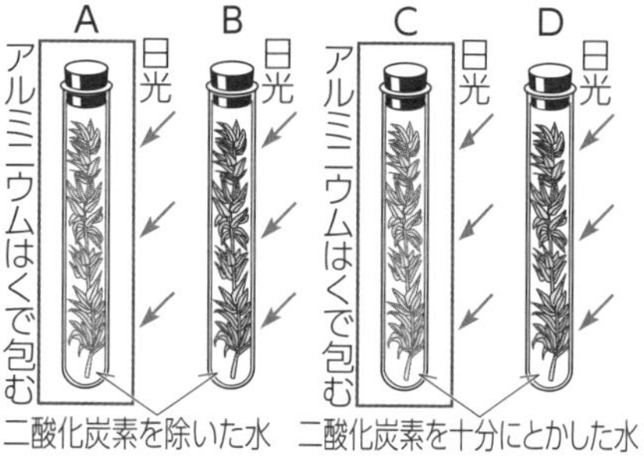

Ⅳ．試験管Ａ～Ｄのオオカナダモの葉を切りとり，熱湯にひたしたあと，あたためたエタノールを使って葉の緑色を抜《ぬ》き，スライドガラスにのせた。そこに，ヨウ素液を１滴《てき》ずつ落とし，顕微鏡《けんびきょう》で観察すると，試験管Ｄの葉の色だけが大きく変化していた。

(1) Ⅱで，オオカナダモを暗室に１日置いた理由を書きなさい。（30点）

［　　　　　　　　　　　　　　　　　　　　　　　　　］

(2) Ⅲで，試験管Ｄにたまっていた気体は何ですか。（30点）　［　　　　　］

(3) この実験の結果をまとめた次の文の①，②にあてはまるものを，あとの**ア**～**オ**からそれぞれ選びなさい。（20点×2）

試験管［①　　　］の結果から，光合成には光が必要で，［②　　　　］の結果から，光合成には二酸化炭素が必要なことがわかる。

ア ＡとＢ　**イ** ＡとＣ　**ウ** ＡとＤ　**エ** ＢとＤ　**オ** ＣとＤ

〔新潟―改〕

理科 57

消化と吸収

合格点 80点
得点　　点
解答 ➡ P.118

1 食物などにふくまれるデンプンが変化するしくみを調べるために，次の実験を行った。あとの問いに答えなさい。

図1

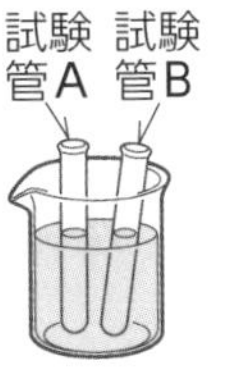

図2

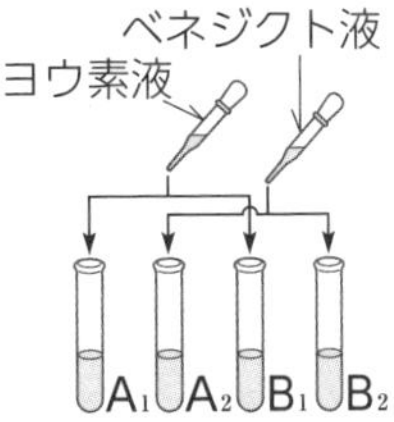

〔手順1〕 図1のように，デンプン溶液《ようえき》を試験管A，Bにとり，Aには唾液《だえき》を，Bには水を入れてヒトの体温程度の湯であたためた。

〔手順2〕 試験管Aの液を試験管A_1とA_2に，試験管Bの液を試験管B_1とB_2に同じ量ずつ分けた。

〔手順3〕 図2のように，試験管A_1と試験管B_1にはヨウ素液を数滴《すうてき》加えて，液の色の変化を観察した。

〔手順4〕 図2のように，試験管A_2と試験管B_2にはベネジクト液を少量加えて加熱し，液の色の変化を観察した。

(1) 麦芽糖があることが判断できる試験管と液の色の組み合わせとして最も適切なものを，次の**ア**～**エ**から選びなさい。(20点)　[　　]

ア 試験管A_1，変化なし　　**イ** 試験管A_2，赤褐色《せっかっしょく》

ウ 試験管B_1，青紫色《あおむらさきいろ》　　**エ** 試験管B_2，変化なし

(2) 次の文の①～④にあてはまる試験管を，図2のA_1，A_2，B_1，B_2から選びなさい。(15点×4)

唾液のはたらきでデンプンがなくなったことが試験管[①　　]と[②　　]の色の比較《ひかく》からわかる。また，唾液のはたらきで麦芽糖がつくられたことが試験管[③　　]と[④　　]の色の比較からわかる。この結果から，唾液によってデンプンが麦芽糖に変化したことがわかる。

(3) この実験で，唾液のかわりに水を入れた試験管Bを用意したのはなぜですか。(20点)

[　　　　　　　　　　　　　　　　　　　　]〔沖縄―改〕

理科

58 呼吸と血液循環

月　日

合格点 80点

得点　点

解答 ➡ P.118

1 図1はヒトの呼吸に関するつくりを，図2はヒトの肺の一部を，それぞれ模式的に表したものである。次の問いに答えなさい。

図1

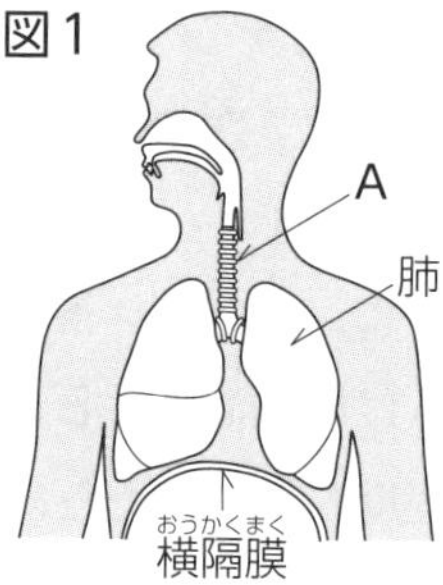

図2

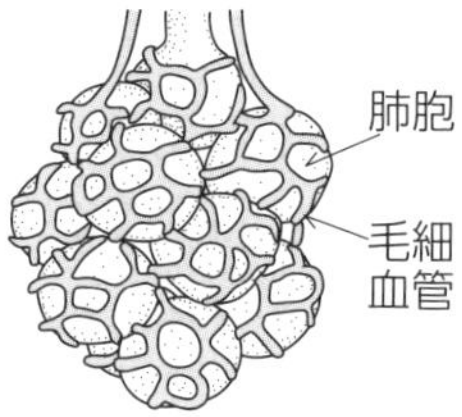

(1) 図1のAの部分を何といいますか。(10点)　[　　　]

(2) 図2のように，肺は毛細血管にとり囲まれた肺胞《はいほう》が多数集まってできている。これは，呼吸するうえでどのように都合がよいですか。(20点)

[　　　　　　　　　　　　　　　　]〔広島〕

2 右の図は，ヒトの血液の流れを模式的に表したものである。次の問いに答えなさい。

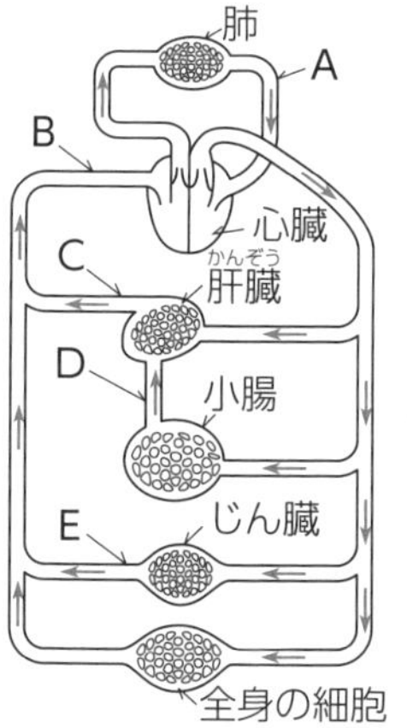

(→は，血液の流れを表す。)

(1) 心臓から出た血液が，肺以外の全身を回って，再び心臓にもどる経路を何といいますか。(10点)

[　　　]

(2) 次の①，②が流れる血管として最も適切なものを，図のA～Eからそれぞれ選びなさい。(10点×2)

① ブドウ糖などの栄養分の量が最も多い血液　[　　]

② 尿素《にょうそ》の量が最も少ない血液　[　　]

(3) 心臓にもどる血液が流れる血管を何といいますか。(10点)　[　　　]

(4) (3)にはところどころに弁がある。この弁はどのようなことに役立っていますか。(20点)　[　　　　　　　　]

(5) ヘモグロビンを含《ふく》み，酸素を運ぶはたらきをする血液の成分を何といいますか。(10点)

[　　　]

月　日

刺激と反応

合格点 80点
得点　　点

解答 ➡ P.118

1 刺激《しげき》と反応について，次の問いに答えなさい。

(1) 目に光が入ったときに，まぶしいという意識が生まれるのはどの部分か。次の**ア**～**オ**から選びなさい。(10点)　[　　　]

ア ひとみ　**イ** 感覚神経　**ウ** 脳　**エ** 網《もう》膜《まく》　**オ** 水晶体

(2) 明るいほうに向けたときには，ひとみが小さくなり，暗いほうに向けたときには，ひとみが大きくなるように無意識に起こる反応を何といいますか。また，この反応と異なるものを次の**ア**～**ウ**から選びなさい。(15点×2)

反応[　　　　]　記号[　　　]

ア 後ろから声をかけられると，つい後ろをふり返る。
イ 食物を口に入れると，ひとりでにだ液が出てくる。
ウ 目の前にボールが飛んでくると，思わず目を閉じる。

刺激を感じる前に反応するよ。

(3) 右の図は，ヒトの神経系の模式図である。「熱いものにうっかり手がふれると，思わず手を引っこめる」反応が起こるとき，信号が伝わる経路を**ア**～**オ**から選び，信号が伝わる順に左から並べなさい。(20点)

[　　　　　　　　　　]〔富山―改〕

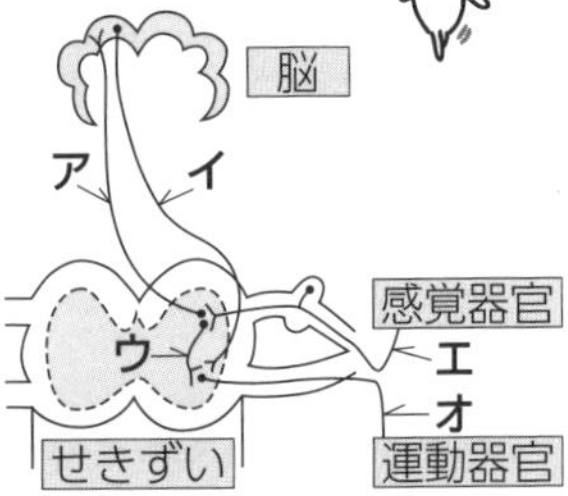

2 右の図は，ヒトのうでの骨格と筋肉のつくりを表したものである。次の問いに答えなさい。(20点×2)

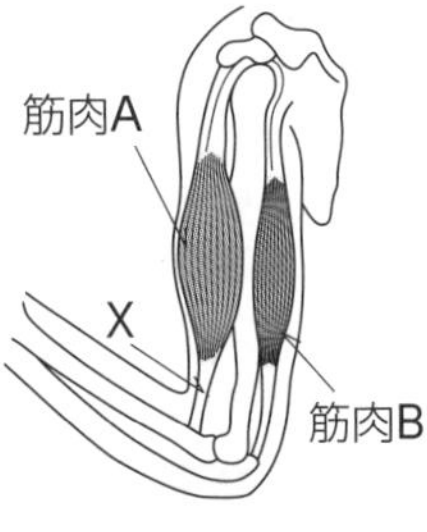

(1) 骨についている筋肉の端《はし》のXの部分を何といいますか。　[　　　]

(2) うでをのばすとき，筋肉Aと筋肉Bはどうなるか。次の**ア**～**エ**から選びなさい。　[　　　]

ア 筋肉Aも筋肉Bも縮む。　**イ** 筋肉Aは縮み，筋肉Bはゆるむ。
ウ 筋肉Aも筋肉Bもゆるむ。　**エ** 筋肉Aはゆるみ，筋肉Bは縮む。

気象の観測

合格点 80点
得点　　点
解答 ➡ P.118

1 9月8日午前10時に中学校で気象観測を行った。図は9月6日から10日までの気温，湿度《しつど》，気圧の変化をグラフに表したもので，表は，湿度表の一部を示したものである。あとの問いに答えなさい。(20点×5)

〔観測結果〕

・乾湿計《かんしつけい》は，乾球が28.0℃，湿球が22.0℃を示していた。

・空全体の約7割が雲でおおわれ，風力は3で，煙《けむり》は東にたなびいていた。

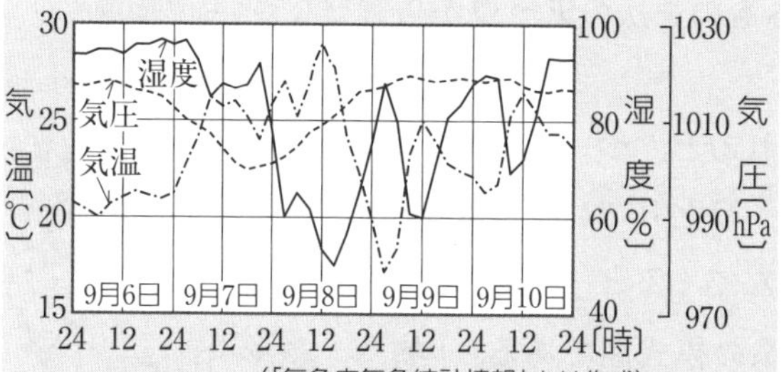

(「気象庁気象統計情報」より作成)

〔湿度表〕

乾球の示度〔℃〕	乾球と湿球の示度の差〔℃〕			
	0.0	2.0	4.0	6.0
30	100	85	72	59
28	100	85	70	57
26	100	84	69	55
24	100	83	67	53
22	100	82	66	50
20	100	81	64	48

(1) 9月8日午前10時の天気，風向，風力を示す天気図記号として正しいものを，次の**ア**～**エ**から選びなさい。　[　　]

(2) 9月8日午前10時の湿度は何%ですか。　[　　]

(3) 一般に，晴れた日の気温と湿度にはどのような関係がありますか。

[　　　　　　　　]

(4) 一般に，気圧が低くなるとどのような天気になりますか。

[　　　　　　　　]

(5) 気象庁は，降水量などの観測を自動的に行う装置を日本全国に設置し，この装置によって観測されたデータを集める「地域気象観測システム」をつくり，気象災害の防止などに役立てている。この「地域気象観測システム」の略称《りゃくしょう》をカタカナで書きなさい。　[　　]〔宮城一改〕

圧力と大気圧

月　日

合格点 80点
得点　　点

解答 ➡ P.118

1 図1のような2kgのレンガを，図2のように接する面をかえてスポンジの上に置き，そのへこみを調べた。あとの問いに答えなさい。ただし，100 gの物体にはたらく重力の大きさを1Nとする。（15点×4）

図1

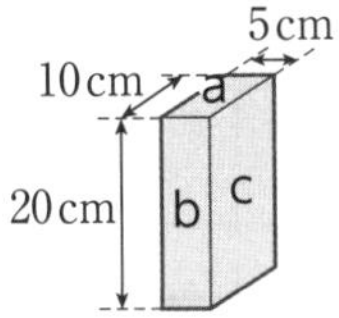

図2

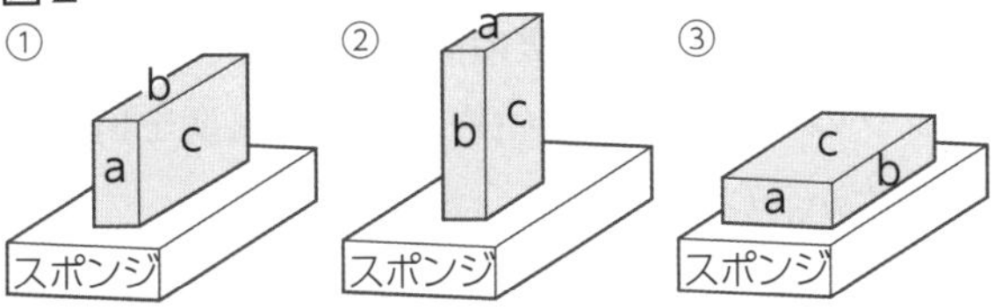

(1) スポンジが最も へこむ場合と最もへこまない場合を，図2の①～③からそれぞれ選びなさい。

最もへこむ場合［　　　］　最もへこまない場合［　　　］

(2) 図2の①，②の場合，レンガがスポンジにおよぼす圧力の大きさはそれぞれ何Paになりますか。　①［　　　］　②［　　　］〔沖縄一改〕

2 右の図のように，簡易ポンプを用いてペットボトル内の空気を抜《ぬ》いていった。次の問いに答えなさい。（10点×4）

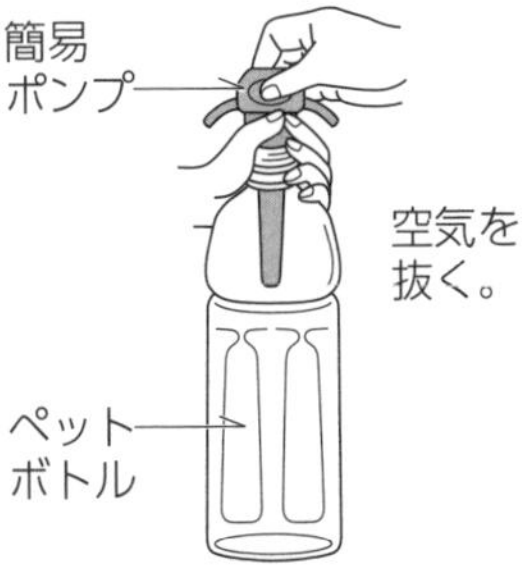

(1) 空気を抜くと，ペットボトルはどうなりますか。

［　　　］

(2) この現象を説明した次の文の①，②に適切な語句を入れ，文を完成しなさい。

ペットボトルの中の空気が抜かれることによって，ペットボトル内の空気の圧力が［①　　　］くなったために，ペットボトルの外側からはたらく［②　　　］がペットボトルをおした。

(3) 大気圧は，どのような向きにはたらきますか。

［　　　　　　　　　］

理科 62

雲や霧の発生

月　日

合格点 80点
得点　点

解答 ➡ P.119

1 右の図のように，金属製のコップにくみ置きの水を入れ，かき混ぜながら氷水を加えて水温を下げていき，コップの表面がくもり始めたときの水温を調べた。表は，気温と飽和《ほうわ》水蒸気量との関係を表したものである。次の問いに答えなさい。

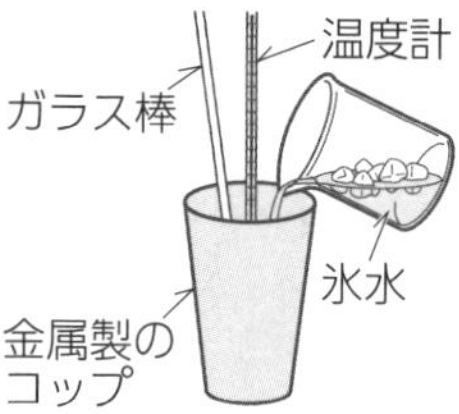

(1) コップの表面がくもり始めたときの温度を何といいますか。(20点)　[　　　　]

(2) 水温が10℃になったとき，コップの表面がくもり始めた。また，この日の気温は20℃であった。このときの空気の湿度《しつど》は何％か。小数第1位を四捨五入して整数で答えなさい。(30点)

[　　　　]

気　温〔℃〕	飽和水蒸気量〔g/m³〕
5	6.8
10	9.4
15	12.8
20	17.3
25	23.1
30	30.4

2 次の文を読んで，あとの問いに答えなさい。

内側を水でぬらしたフラスコに線香《せんこう》のけむりを入れ，図のような装置をつくって注射器のピストンを強く引いたところ，フラスコ内が白くくもった。これはピストンを引くと，フラスコ内の空気が(①)ため，温度が露点《ろてん》に達し，(②)が凝結《ぎょうけつ》したことによる。

(1) ①に入る適切な語句を**ア**～**エ**から選びなさい。(20点)　[　　]

ア 膨張《ぼうちょう》して，温度が上がる

イ 膨張して，温度が下がる

ウ 収縮して，温度が上がる

エ 収縮して，温度が下がる

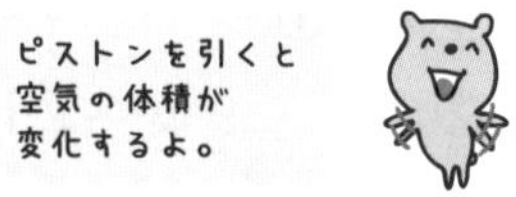

(2) ②に入る適切な語句を書きなさい。(30点)　[　　　　]〔茨城〕

63 前線と天気の変化

月　日

合格点 70点

得点　　点

解答 ➡ P.119

1 図1は，ある年の日本付近の4月26日～29日の天気図である。あとの問いに答えなさい。

図1

4月26日午前9時　4月27日午前9時　4月28日午前9時　4月29日午前9時

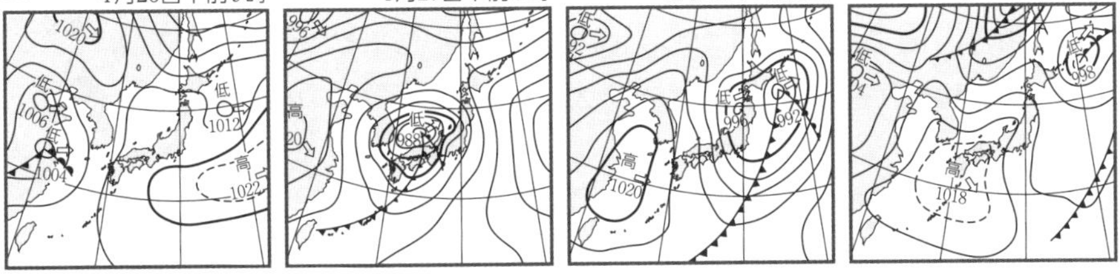

(1) 4月26日～29日の富山市《とやまし》の天気のようすを述べた次の**ア**～**エ**を，26日から順に並べなさい。(40点)　[　　→　　→　　→　　]

ア 朝は雨が降っていた。日中はくもり一時晴れとなり，夕方から晴れ間も多くなった。

イ 日中は晴れのちくもりで，夜遅《おそ》くなって一時雨が降った。

ウ 朝から快晴となり，5月下旬なみのあたたかさで，湿度《しつど》も低く，洗濯《せんたく》物《もの》もよく乾《かわ》いた。

エ 午前中は南よりの風が吹《ふ》き，雨が降った。午後は風が北よりに変化し，雨が激しくなった。

(2) 図2は，4月26日～29日のある日の午前9時に観測した気象衛星画像である。この画像は4月何日のものですか。(30点)　[　　　]

図2

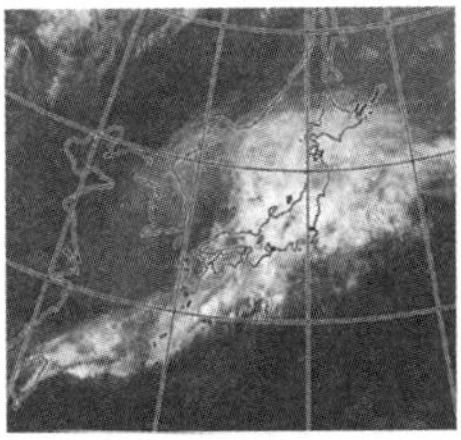

(3) 寒冷前線付近の寒気と暖気のようすを表した図として最も適切なものを，次の**ア**～**エ**から選びなさい。(30点)　[　　　]

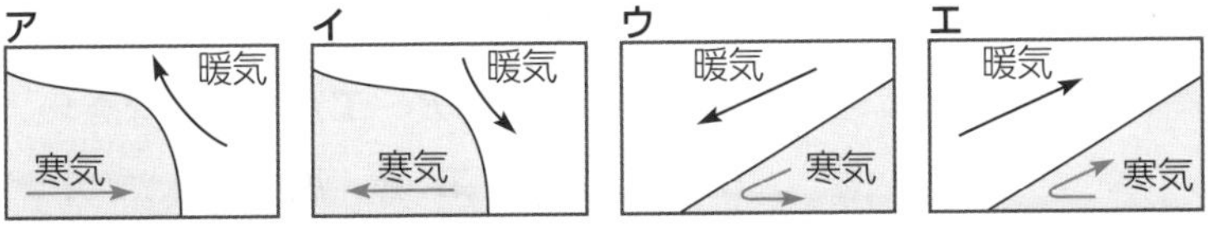

〔富山一改〕

月　日

理科 64

日本の気象・気象災害

合格点 80点

得点　　点

解答 ➡ P.119

1 右の図1，図2は，日本のある季節の典型的な天気図である。次の問いに答えなさい。

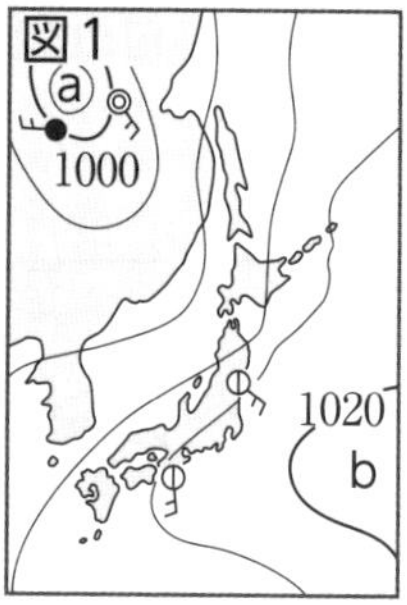

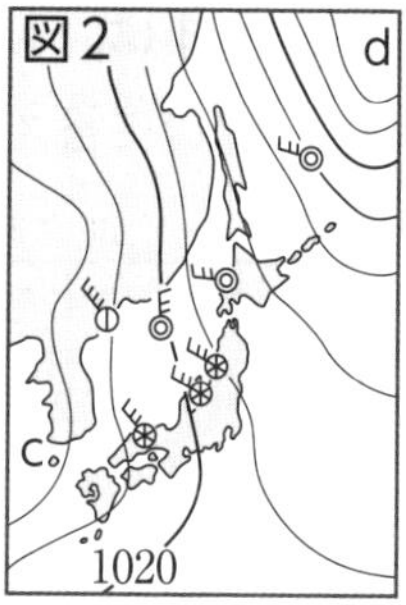

(1) 図1，図2のa～dから，高気圧をそれぞれ選びなさい。(5点×2)

図1［　　　］　図2［　　　］

(2) 図1，図2は，春夏秋冬のうち，いつの天気図ですか。(10点×2)

図1［　　　］　図2［　　　］

(3) 次の文の①～③に適切な語句を書き入れなさい。(10点×3)

図2の季節では，大陸から移動してきた空気は，日本海の上を通過するときに多量の［①　　　］を含《ふく》む。この空気が日本海側から山脈の斜面《しゃめん》に沿って上昇《じょうしょう》すると，［②　　　］が発生する。これが発達して，日本海側にたくさんの［③　　　］を降らせる。

2 右の図は，ある年の7月6日午前9時の天気図である。次の問いに答えなさい。(10点×4)

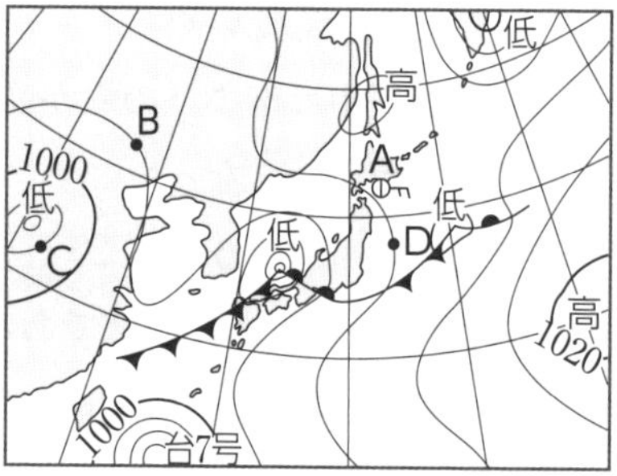

(1) A地点の天気，風向，風力を書きなさい。

［天気…　　風向…　　風力…　　］

(2) B～Dの各地点のうち，気圧が最も高い所はどこですか。

［　　　］

(3) 夏になると太平洋上に発達し，日本の天気に大きな影響《えいきょう》をおよぼす気団は何ですか。

［　　　］

(4) 台風による災害として適切でないものを次の**ア**～**エ**から選びなさい。

ア 洪《こう》水《ずい》　**イ** 高潮　**ウ** 津《つ》波《なみ》　**エ** 暴風　［　　　］〔熊本一改〕

一般動詞の過去形 ①

I played baseball yesterday.

合格点 80点
得点 　点

解答 ➡ P.119

1 次の動詞の過去形を書きなさい。(4点×6)

(1) stay ………………　(2) come ………………

(3) live ………………　(4) eat ………………

(5) leave ………………　(6) plan ………………

2 [　]内の語を過去形にかえて，……に書きなさい。(8点×4)

(1) We ……………… math together.　[study]

(2) Kenji ……………… a good book yesterday.　[find]

(3) My mother ……………… magazines after dinner.　[read]

(4) We ……………… the party last night.　[enjoy]

3 日本文に合うように，……に適する1語を書きなさい。(8点×3)

(1) ユカはアキラのあとについて走りました。

Yuka ……………… after Akira.

(2) その少年は突然立ち止まりました。

Suddenly the boy ……………….

(3) 妹は新しい本をほしがっていました。

My sister ……………… a new book.

4 次の英文の文末に(　)内の語句を加えて過去の文に書きかえなさい。
(10点×2)

(1) My brother goes to America.　(two years ago)

……………………………………………………

(2) The English class begins at 9 : 00.　(yesterday)

……………………………………………………

英語 66

一般動詞の過去形 ②

Did you study English yesterday ?

合格点 80点
得点　　点
解答 ➡ P.119

1 次の(　)内から適する語を選んで書きなさい。(7点×4)

(1) Where (does, was, did) you eat dinner yesterday ?

....

(2) (Does, Do, Did) the boys play tennis last Sunday ?

....

(3) Yoko didn't (watched, watch, watching) TV last night.

....

(4) When did they (listen, listens, listened) to that CD ?

....

2 次の会話が成り立つように, ... に適する1語を書きなさい。(9点×3)

(1) *A* : Did he visit his uncle last Saturday ?
B : Yes, ...

(2) *A* : What time did you get up this morning ?
B : I .... up at six thirty.

(3) *A* : .... Aki ....
her homework ?
B : She did it in Emi's house.

3 次の英文を(　)内の指示通りに書きかえなさい。(15点×3)

(1) Hiro heard the news yesterday. (疑問文に)

....

(2) I called my friend last night. (否定文に)

....

(3) You <u>cooked lunch</u> last Saturday. (下線部をたずねる文に)

....

英語 67

be動詞の過去形 ①

Miyuki was in Kobe last winter.

合格点 80点
得点　　点

解答 ➡ P.120

1 日本文に合うように, ＿＿ に適する１語を書きなさい。（7点×4）

(1) わたしは昨夜は幸せでした。

I ＿＿＿＿＿＿ happy last night.

(2) 彼らはわたしの仲のよい友だちでした。

They ＿＿＿＿＿＿ my good friends.

was, were には「～だった」,
「～にいた, あった」の意味
があるよ。

(3) 昨日, 札幌《さっぽろ》は寒かったです。

It ＿＿＿＿＿＿ cold in Sapporo yesterday.

(4) わたしたちは昨年ロンドンにいませんでした。

We ＿＿＿＿＿＿ in London last year.

2 次の英文の文末に(　)内の語句を加えて過去の文に書きかえなさい。（12点×3）

(1) You are sick in bed.　(yesterday)

＿＿＿＿＿＿＿＿＿＿＿＿＿＿＿＿＿＿＿＿

(2) My mother is good at tennis.　(ten years ago)

＿＿＿＿＿＿＿＿＿＿＿＿＿＿＿＿＿＿＿＿

(3) They aren't in Osaka.　(last month)

＿＿＿＿＿＿＿＿＿＿＿＿＿＿＿＿＿＿＿＿

3 次の英文を日本語にしなさい。（12点×3）

(1) He was very busy last week.

[　　　　　　　　　　　　　　　　　　　　]

(2) I wasn't in New York five years ago.

[　　　　　　　　　　　　　　　　　　　　]

(3) Ken and I were in the same class last year.

[　　　　　　　　　　　　　　　　　　　　]

英語 68

月　日

be動詞の過去形 ②

Were you happy yesterday ?

合格点 80点
得点　点
解答 ➡ P.120

1 日本文に合うように，……に適する１語を書きなさい。(10点×4)

(1) メアリーは先週疲れていましたか。— はい，疲れていました。

…… Mary tired last week ?

— Yes, …… …….

(2) あなたは去年カナダにいましたか。— いいえ，いませんでした。

…… you in Canada last year ?

— No, …… …….

(3) ケンとヒロキはこの前の冬はどこにいましたか。

…… …… Ken and Hiroki last winter ?

(4) あなたたちはどのくらいの間，オーストラリアにいましたか。

How long …… …… in Australia ?

2 次の会話が成り立つように，……に適する１語を書きなさい。(12点×2)

(1) *A* : Was Takuya hungry then ?

B : Yes, …… …….

(2) *A* : …… …… your vacation ?

B : It was very nice.

3 次の英文を(　)内の指示通りに書きかえなさい。(12点×3)

(1) They were late for school.　(疑問文に)

……

(2) Mai was sick <u>last Thursday</u>.　(下線部をたずねる文に)

……

(3) Jack was <u>at Koji's house</u> last night.　(下線部をたずねる文に)

……

月　日

過去進行形

She was playing the violin.

合格点 80点

得点　　点

解答 ➡ P.120

1 日本文に合うように，＿＿に適する１語を書きなさい。（6点×3）

(1) わたしは手紙を書いているところでした。

I ＿＿＿＿ ＿＿＿＿ a letter.

(2) あなたはこのコンピュータを使っているところでした。

You ＿＿＿＿ ＿＿＿＿ this computer.

(3) わたしたちはそのとき泳いでいませんでした。

We ＿＿＿＿ ＿＿＿＿ at that time.

2 日本文に合うように，(　)内の語句を正しく並べかえなさい。（11点×2）

(1) 生徒たちはそのとき剣道を練習しているところでした。

(*kendo*, practicing, the students, were, then).

＿＿＿＿＿＿＿＿＿＿＿＿＿＿＿＿

(2) あなたのお姉さんはケーキを作っていませんでした。

(a cake, your, was, sister, making, not).

＿＿＿＿＿＿＿＿＿＿＿＿＿＿＿＿

3 次の英文を(　)内の指示通りに書きかえなさい。（15点×4）

(1) I studied English.　（過去進行形の文に）

＿＿＿＿＿＿＿＿＿＿＿＿＿＿＿＿

(2) Carol and Lucy were having lunch.　（疑問文に）

＿＿＿＿＿＿＿＿＿＿＿＿＿＿＿＿

(3) We were running in the park.　（否定文に）

＿＿＿＿＿＿＿＿＿＿＿＿＿＿＿＿

(4) Mako was cleaning this room.　（下線部をたずねる文に）

＿＿＿＿＿＿＿＿＿＿＿＿＿＿＿＿

月　日

未来を表すbe going toとwill

Keiko is going to buy a new bag.

合格点 80点
得点 　点
解答 ➡ P.120

1 日本文に合うように，＿＿に適する１語を書きなさい。（7点×3）

(1) わたしは明日おばを訪ねるつもりです。

I ＿＿＿＿ going ＿＿＿＿ visit my aunt tomorrow.

(2) アンディは科学者になるつもりですか。

＿＿＿＿ Andy ＿＿＿＿ to ＿＿＿＿ a scientist ?

(3) わたしたちは今週末に父を手伝うつもりです。

We ＿＿＿＿ ＿＿＿＿ our father this weekend.

2 日本文に合うように，(　)内の語句を正しく並べかえなさい。（14点×2）

(1) アユミは明日早く起きるでしょうか。

(get, will, up, early, Ayumi) tomorrow ?

＿＿＿＿＿＿＿＿＿＿＿＿ tomorrow ?

(2) わたしは今日海で泳ぐつもりはありません。

(swim, not, in, I'm, to, the sea, going) today.

＿＿＿＿＿＿＿＿＿＿＿＿ today.

3 次の英文を(　)内の指示通りに書きかえなさい。（17点×3）

(1) You are going to be busy this week.　（疑問文に）

＿＿＿＿＿＿＿＿＿＿＿＿

(2) The library will open at 9 : 30.　（下線部をたずねる文に）

＿＿＿＿＿＿＿＿＿＿＿＿

(3) They are going to go to Hawaii.　（下線部をたずねる文に）

＿＿＿＿＿＿＿＿＿＿＿＿

There is[are] ~.

There are three dogs in the park.

合格点 80点
得点　　点

解答 ➡ P.121

1 日本文に合うように，＿＿に適する１語を書きなさい。(9点×4)

(1) いすの下にねこが１匹います。

＿＿＿＿ ＿＿＿＿ a cat under the chair.

(2) 公園に木が何本かあります。

＿＿＿＿ ＿＿＿＿ ＿＿＿＿ trees in the park.

(3) スタジアムには選手が何人かいますか。

＿＿＿＿ there ＿＿＿＿ players in the stadium ?

(4) 校庭には子どもたちはひとりもいません。

There ＿＿＿＿ ＿＿＿＿ children in the school yard.

2 ２文がほぼ同じ内容を表すように，＿＿に適する１語を書きなさい。(11点×2)

(1) We have a computer in our classroom.
＿＿＿＿ ＿＿＿＿ a computer in our classroom.

(2) My city has three libraries.
＿＿＿＿ ＿＿＿＿ three libraries in my city.

3 次の英文を(　)内の指示通りに書きかえなさい。(14点×3)

(1) There is a girl in the shop.　(否定文に)

＿＿＿＿＿＿＿＿＿＿＿＿＿＿＿＿

(2) Are there any students in the classroom ?　(no で答える文)

＿＿＿＿＿＿＿＿＿＿＿＿＿＿＿＿

(3) There are five oranges on the table.　(下線部をたずねる文に)

＿＿＿＿＿＿＿＿＿＿＿＿＿＿＿＿

月　日

助動詞①

I have to help Tom today.

合格点 80点
得点 点

解答 ➡ P.121

1 日本文に合うように，______に適する１語を書きなさい。（8点×4）

(1) わたしは野球を練習しなければなりません。

I ______ ______ practice baseball.

(2) わたしは今日あなたを手伝わなければなりませんか。

______ I ______ you today ?

(3) あなたは早く起きなくてもよい。

You ______ ______ to get up early.

(4) 彼は昨夜レポートを書かなければなりませんでした。

He ______ ______ write a report last night.

don't have to ～は「～しなくてもよい」を表すよ。

2 ２文がほぼ同じ内容を表すように，______に適する１語を書きなさい。（10点×2）

(1) Kenji must clean his room.
Kenji ______ ______ clean his room.

(2) Don't play soccer in this park.
You ______ ______ play soccer in this park.

3 日本文に合うように，(　)内の語を正しく並べかえなさい。（16点×3）

(1) この部屋で日本語を話してはいけません。

(Japanese, must, in, you, this, speak, not) room.

______ room.

(2) わたしは彼の宿題を手伝う必要はありませんでした。

(him, help, didn't, with, to, I, have) his homework.

______ his homework.

(3) 彼女は今日この仕事をしなければなりませんか。

(have, this, does, to, she, do, work) today ?

______ today ?

英語 73

助動詞②

My brother is able to speak Spanish.

合格点 80点

得点　　点

解答 ➡ P.121

1 日本文に合うように，......に適する１語を書きなさい。(10点×4)

(1) わたしはバイオリンが弾けます。

I .... the violin.

(2) ドアを閉めてもいいですか。

.... close the door ?

(3) ジャックは昨日自転車に乗ることができました。

Jack .... to ride a bike yesterday.

(4) あなたはすぐに英語が話せるようになるでしょう。

You .... to speak English soon.

2 日本文に合うように，(　)内の語を正しく並べかえなさい。(15点×2)

(1) あなたはその列車に乗ることができましたか。

(you, that, to, take, were, able, train)?

....

(2) この窓を開けてもいいですよ。

(window, you, open, may, this).

....

3 次の英文を日本語にしなさい。(15点×2)

(1) Tom could not write Japanese *kanji*.

[　　　　　　　　　　　　　　　　　　　　]

(2) May I have some tea ?

[　　　　　　　　　　　　　　　　　　　　]

英語 74

助動詞③

Shall we dance ?

合格点 80点

得点　　点

解答 ➡ P.121

1 日本文に合うように，……に適する１語を書きなさい。(10点×3)

(1) ドアを開けましょうか。

…………… …………… open the door ?

(2) 映画に行きましょうか。

…………… …………… go to the movies ?

(3) わたしのレポートを手伝ってもらえますか。

…………… …………… help me with my report ?

2 次の文の応答として最も適切な文を下から選んで，記号で答えなさい。ただし，同じものを２度使わないこと。(8点×5)

(1) Can I ask you some questions ?　[　　]

(2) Will you carry these boxes for me ?　[　　]

(3) Shall we go shopping tomorrow ?　[　　]

(4) Do I have to help you today ?　[　　]

(5) Shall I wash the dishes ?　[　　]

Will you ～ ?,
Can you ～ ?
は依頼を表す
こともあるよ。

ア All right.　イ Sorry, you can't.　ウ No, you don't have to.

エ Yes, let's.　オ Yes, please.

3 日本文に合うように，(　)内の語を正しく並べかえなさい。(15点×2)

(1) 彼女のためにギターを弾いてもらえませんか。

(play, her, can, guitar, you, the, for)?

……………………………………………………

(2) 窓を閉めてもらえませんか。

(the, you, window, close, will)?

……………………………………………………

英語 75

▶不定詞

月　日

不定詞①

Nancy likes to draw pictures.

合格点 80点

得点　　点

解答 ➡ P.122

1 日本文に合うように，＿＿に適する１語を書きなさい。（10点×3）

(1) わたしは海で泳ぐことが好きです。

I like ＿＿＿＿ ＿＿＿＿ in the sea.

(2) わたしに何か食べるものをください。

Please give me something ＿＿＿＿ ＿＿＿＿.

(3) この市には多くの訪れるべき場所があります。

There are many places ＿＿＿＿ ＿＿＿＿ in this city.

2 次の英文を日本語にしなさい。（14点×3）

(1) To get up early is good for our health.

［　　　　　　　　　　　　　　　　］

(2) What do you want to be in the future ?

［　　　　　　　　　　　　　　　　］

(3) I have nothing to say to you now.

［　　　　　　　　　　　　　　　　］

3 日本文に合うように，（　）内の語を正しく並べかえなさい。（14点×2）

(1) メアリーは先月，柔道を練習し始めました。

(practice, last, to, *judo*, Mary, began) month.

＿＿＿＿＿＿＿＿＿＿＿＿＿＿＿＿ month.

(2) わたしは今日するべきことがたくさんあります。

(of, I, lot, do, a, to, have, things) today.

＿＿＿＿＿＿＿＿＿＿＿＿＿＿＿＿ today.

英語 76

月　日

不定詞②

I came here to speak English.

合格点 80点

得点　　点

解答 ➡ P.122

1 日本文に合うように，........ に適する１語を書きなさい。(9点×4)

(1) エミコは美術を勉強するためにパリへ行きました。

Emiko went to Paris .... art.

(2) あなたはなぜスミスさんを訪ねましたか。— 彼女を手伝うためです。

Why did you visit Ms. Smith ?

— .... her.

(3) あなたに会えてうれしいです。

I'm glad .... you.

(4) 母はその知らせを聞いて悲しみました。

My mother was sad .... the news.

2 次の英文を日本語にしなさい。(12点×3)

(1) Were you happy to visit New Zealand again ?

[　　　　　　　　　　　　　　　　　　　　]

(2) The doctors went there to help sick people.

[　　　　　　　　　　　　　　　　　　　　]

(3) I'm sorry to be late for your birthday party.

[　　　　　　　　　　　　　　　　　　　　]

3 日本文に合うように，(　)内の語句を正しく並べかえなさい。(14点×2)

(1) ケンは写真を撮るために北海道に行きました。

(to, pictures, to, Ken, Hokkaido, take, went).

....

(2) 兄はわたしの成功を聞いて驚きました。

(my brother, hear, surprised, was, my success, to).

....

月　日

合格点 80点
得点　点
解答 ➡ P.122

動名詞①

She started running.

1 2文がほぼ同じ内容を表すように，＿＿に適する1語を書きなさい。（8点×3）

(1) I like to take pictures of animals.
I like ＿＿＿＿ pictures of animals.

(2) Bob began to cut the trees in the mountain.
Bob began ＿＿＿＿ the trees in the mountain.

(3) My father's hobby is to write English poems.
My father's hobby is ＿＿＿＿ English poems.

2 日本文に合うように，＿＿に適する1語を書きなさい。（8点×3）

(1) メアリーは湖で泳ぎ始めました。
Mary started ＿＿＿＿ in the lake.

(2) わたしは昨日つりに行きました。
I went ＿＿＿＿ yesterday.

(3) 早く起きることはわたしには難しいです。
＿＿＿＿ up early ＿＿＿＿ difficult for me.

3 次の(　)内から適する語句を選んで○で囲み，英文を日本語にしなさい。（13点×4）

(1) We enjoyed (to dance, dancing) last night.
[　　　　　　　　　　]

(2) My sister finished (to wash, washing) her car.
[　　　　　　　　　　]

(3) Reading English books (is, are) easy for me.
[　　　　　　　　　　]

(4) (Draw, Drawing) pictures is one of my hobbies.
[　　　　　　　　　　]

月　日

英語 78

動名詞②

Wash your hands before eating.

合格点 80点

得点 点

解答 ➡ P.123

1 日本文に合うように，______に適する１語を書きなさい。（8点×4）

(1) あなたにまたお会いできるのを楽しみにしています。

I'm looking forward to ______ you again.

(2) プレゼントをくださり，ありがとうございます。

Thank you for ______ me a present.

(3) テニスをしたあとで昼食を食べましょう。

Let's eat lunch after ______ tennis.

(4) ユウコは英語の映画を見ることに興味があります。

Yuko is interested in ______ English movies.

before ~ing のように動名詞は前置詞の目的語にもなるよ。

2 次の各組の英文を，下線部に注意して日本語にしなさい。（10点×4）

(1) ① I remember <u>sending</u> the letter.

[　　]

② Remember <u>to send</u> the letter.

[　　]

(2) ① He stopped <u>taking</u> a picture.

[　　]

② He stopped <u>to take</u> a picture.

[　　]

3 [　]内の語を適する形にかえて______に書き，英文を日本語にしなさい。（14点×2）

(1) How about ______ my aunt today ?　[visit]

[　　]

(2) Mike is good at ______ Japanese.　[speak]

[　　]

接続詞

I think that Mary is very kind.

合格点 80点
得点 　　点
解答 ➡ P.123

1 次の(　)内から適する語を選び，○で囲みなさい。(5点×5)

(1) The students climbed the mountain (and, but) ate lunch.

(2) Kazuya is very kind, (so, but) everyone likes him.

(3) I know (or, that) Andy speaks Japanese well.

(4) (But, If) you don't know my address, please tell me.

(5) I like Mary (so, because) she is cheerful.

2 日本文に合うように，＿＿に適する1語を書きなさい。(11点×3)

(1) 起きなさい，さもないと学校に遅れますよ。

Get up, ______ ______ be late for school.

(2) わたしたちは夕食を終えてからコンサートに行きました。

We went to the concert ______ we finished dinner.

(3) タクヤが来たときに会議を始めましょう。

Let's start the meeting ______ Takuya ______.

3 日本文に合うように，(　)内の語や符号を正しく並べかえなさい。(14点×3)

(1) 明日は雨だと思います。

(rainy, be, think, will, I, it, that) tomorrow.

______________________________ tomorrow.

(2) 右に曲がりなさい，そうすれば駅が見つかりますよ。

(and, you'll, turn, find, right / ,) the station.

______________________________ the station.

(3) わたしがユカを訪ねたとき，彼女は料理をしていました。

(cooking, Yuka, visited, when, was, I) her.

______________________________ her.

月　日

付加疑問文・感嘆文

You are a TV star, aren't you ? / How beautiful !

合格点 80点

得点 　点

解答 ➡ P.124

1 ＿＿に適する１語を書いて，「〜ですね」という文を完成しなさい。（8点×4）

(1) You can play the piano, ＿＿＿＿ ＿＿＿＿?

(2) Mika went to Canada last summer, ＿＿＿＿ ＿＿＿＿?

(3) Your aunt sings very well, ＿＿＿＿ ＿＿＿＿?

(4) This is your bag, ＿＿＿＿ ＿＿＿＿?

2 日本文に合うように，＿＿に適する１語を書きなさい。（10点×2）

(1) これはなんとおもしろい本なのでしょう。

＿＿＿＿ ＿＿＿＿ interesting book this is !

(2) あの女の人はなんと上手に英語を話すのでしょう。

＿＿＿＿ ＿＿＿＿ that woman speaks English !

3 次の英文と日本文を(　)内の指示通りに書きかえなさい。（12点×4）

(1) Your brother is a basketball fan, isn't he ?（日本語に）

[　　　　　　　　　　　　　　　　]

(2) How difficult this question is !（日本語に）

[　　　　　　　　　　　　　　　　]

(3) これはなんと大きなねこなのでしょう。（正しく並べかえて）

(is, what, this, cat, a, big) !

＿＿＿＿＿＿＿＿＿＿＿＿＿＿＿＿

(4) あの車はとても速く走りますね。（正しく並べかえて）

(fast, that car, doesn't, very, it, runs / ,) ?

＿＿＿＿＿＿＿＿＿＿＿＿＿＿＿＿

英語 81 ～に見える，～を…にあげる

Alice looks sad.

合格点 80点

得点　　点

解答 ➡ P.124

1 日本文に合うように，______に適する１語を書きなさい。(8点×5)

〈call / name ＋人＋名前〉など，動詞のあとの語順に注意。

(1) わたしたちは彼女をエリカと名付けました。

We ______ ______ Erika.

(2) 彼をタツヤと呼んではいけません。

Don't ______ ______ Tatsuya.

(3) あなたは今日とても悲しそうですね。

You ______ very ______ today.

(4) わたしは彼にこの CD をあげました。

I ______ ______ this CD.

(5) あなたの傘《かさ》は花のように見えます。

Your umbrella ______ ______ a flower.

2 ２文がほぼ同じ内容を表すように，______に適する１語を書きなさい。(14点×2)

(1) I will teach you French.
　　I will teach French ______ ______.

(2) My father bought me a new bike.
　　My father bought a new bike ______ ______.

3 日本文に合うように，(　)内の語を正しく並べかえなさい。(16点×2)

(1) 彼女の手紙を読むことはいつもわたしを幸せにしてくれます。

Reading (letter, me, her, makes, always, happy).

Reading ______________________.

(2) わたしにあなたのお姉さんの写真を見せてください。

Please (picture, me, your, show, sister, a, of).

Please ______________________.

英語 82

比較①

I am younger than your sister.

合格点 80点
得点 点

解答 ➡ P.124

1 [ ]内の語を適する形にかえて，______に書きなさい。(8点×4)

(1) My bike is ______ than my brother's. [big]

(2) My book is ______ ______ than hers. [interesting]

(3) Hiro's bag is the ______ of the three. [heavy]

(4) Your computer is the ______ ______ of all. [useful]

2 日本文に合うように，______に適する1語を書きなさい。(10点×2)

(1) この質問はあの質問と同じくらい難しいです。

This question is ______ ______ ______ that one.

(2) わたしはあなたのお父さんよりもずっと年下です。

I'm ______ ______ ______ your father.

3 次の英文を日本語にしなさい。(12点×2)

(1) Soccer is one of the most popular sports in my school.

[　　　　　　　　　　　　　　　　]

(2) I didn't get up as early as my mother.

[　　　　　　　　　　　　　　　　]

4 次の文と同じ内容を表すように言いかえるとき，______に適する1語を書きなさい。(12点×2)

(1) Ken is tall. Lee is taller than Ken. Hiro isn't as tall as Ken.

→ Lee is ______ ______ of the three.

(2) Nancy is younger than Emily. Emily is younger than Jane.

→ Jane is ______ ______ of the three.

月　日

英語 83

比較②

I like winter better than summer.

合格点 80点

得点　　点

解答 ➡ P.124

1 次の(　)内から適する語を選び，○で囲みなさい。(7点×4)

(1) Your computer is (good, better, best) than mine.

(2) I like history the (much, better, best) of all the subjects.

(3) Masao plays the drums the (well, better, best) in my family.

(4) Jim likes soccer (much, better, best) than baseball.

2 日本文に合うように，____に適する1語を書きなさい。(14点×3)

(1) コウジとスグルではどちらが早く起きましたか。― コウジです。

______ got up ______, Koji or Suguru ?

— Koji ______.

(2) ユカは理科と数学ではどちらが好きですか。― 理科です。

______ does Yuka like ______, science or math ?

— She likes science ______.

(3) だれがいちばん上手に英語を話せますか。― トモヤです。

______ can speak English the ______?

— Tomoya ______.

3 次の会話が成り立つように，____に適する1語を書きなさい。(15点×2)

(1) *A* : ______ ______ ______, Taro ______ Ken ?

B : Ken swims faster than Taro.

(2) *A* : ______ season do you like the ______?

B : I like summer the best.

月　日

英語 84

受け身

This car is washed by Ken.

合格点 80点
得点 点

解答 ➡ P.125

1 [　]内の語を適する形にかえて，______に書きなさい。（8点×5）

(1) Tennis is ______ in many countries. [play]

(2) This bag is ______ in Italy. [make]

(3) Many pictures were ______ by Satoru. [take]

(4) The singer is ______ by many people. [love]

(5) English is ______ at many Japanese schools. [study]

2 日本文に合うように，______に適する1語を書きなさい。（10点×4）

(1) このコンピュータはわたしの部屋で使われます。

This computer ______ ______ in my room.

(2) わたしの家は50年前に建てられました。

My house ______ ______ fifty years ago.

(3) その踊りは世界中に知られていますか。

______ the dance ______ around the world ?

(4) この店ではたくさんの種類のCDが売られています。

Many kinds of CDs ______ ______ at this shop.

3 2文がほぼ同じ内容を表すように，______に適する1語を書きなさい。（10点×2）

(1) Many students visit this library.
This library ______ ______ by many students.

(2) Young people sing this song.
This song ______ ______ by young people.

漢字・語句

合格点 80点
得点　点

解答➡P.125

1 次の――線のカタカナは漢字に直し、漢字は読み方を書きなさい。（5点×10）

(1) **ジッタイ**を調査する。
(2) 宿題を**テイシュツ**する。
(3) **イタ**る所で桜が見られる。
(4) **レイゾウコ**を開ける。
(5) 栄養を**オギナ**う食品。
(6) **長袖**のシャツを着ていく。
(7) 休日はどこも**混**んでいる。
(8) 絶滅《ぜつめつ》が**危惧**される動物。
(9) 物語の要点を**捉**える。
(10) 私は、**臆病**者である。

2 次の□に適切な漢字一字を入れ、四字熟語とことわざを完成させなさい。（5点×10）

(1) □転□倒《とう》
(2) □往□往
(3) □□兼備《けんび》
(4) 千変□□
(5) 因果《いんが》□□
(6) 犬□の仲
(7) □っても鯛《たい》
(8) 災い転じて□となす
(9) □ずるより生むが易《やす》し
(10) まかぬ□は生えぬ

月　日

国語 86

熟語の構成・対義語

合格点 80点
得点 点

解答 ➡ P.125

1 次の熟語の構成の説明にあたる熟語を後から三つずつ選び、［　］に書きなさい。（4点×15）

(1) 意味が似ている漢字を組み合わせたもの。
［　・　・　］

(2) 意味が反対になる漢字を組み合わせたもの。
［　・　・　］

(3) 上の漢字が下の漢字を修飾《しゅうしょく》するもの。
［　・　・　］

(4) 下の漢字が上の漢字の目的や対象を示すもの。
［　・　・　］

(5) 上の漢字が主語、下の漢字が述語となるもの。
［　・　・　］

地震《じしん》　親友　往復　解放　握手《あくしゅ》
因果　増減　再会　永久　雷鳴《らいめい》
着席　弱点　就職　年長　学習

2 次の語の対義語を後から選び、［　］に書きなさい。（4点×10）

(1) 抽象的《ちゅうしょうてき》 ↕ ［　］
(2) 単純 ↕ ［　］
(3) 偶然《ぐうぜん》 ↕ ［　］
(4) 全体 ↕ ［　］
(5) 理想 ↕ ［　］
(6) 原則 ↕ ［　］
(7) 保守 ↕ ［　］
(8) 絶対的 ↕ ［　］
(9) 質疑 ↕ ［　］
(10) 秩序《ちつじょ》 ↕ ［　］

革新　現実　必然　複雑　攻守
規律　自然　混乱　部分　例外
応答　先天的　具体的　一般的　相対的

月　日

用言とその活用

合格点 80点
得点　点
解答➡P.125

1 次の動詞の活用の種類を後から選び、記号で答えなさい。（5点×10）

(1) 起きる〔　〕
(2) 来る〔　〕
(3) 見る〔　〕
(4) 驚《おどろ》く〔　〕
(5) 眺《なが》める〔　〕
(6) 書く〔　〕
(7) 変わる〔　〕
(8) 受ける〔　〕
(9) 落ちる〔　〕
(10) 勉強する〔　〕

ア 五段活用　イ 上一段活用
ウ 下一段活用　エ カ行変格活用
オ サ行変格活用

2 次の――線の動詞の活用形を書きなさい。（5点×5）

(1) 今日中にします。〔　〕
(2) 作文を書いた。〔　〕
(3) バスを降りる人がいる。〔　〕
(4) 水が流れない。〔　〕
(5) 春が来ると暖かくなる。〔　〕

3 次の――線の形容詞と形容動詞の活用形を書きなさい。（5点×5）

(1) 空が急に明るくなる。〔　〕
(2) 教室で静かにしていなさい。〔　〕
(3) 部屋は片付いていてきれいだ。〔　〕
(4) とても悔《くや》しい思いをした。〔　〕
(5) 今朝は起きるのが早かった。〔　〕

国語

88

助詞と助動詞

月　日

合格点 80点

得点　点

解答 ➡ P.126

1 次の――線の助詞の働きを後から選び、記号で答えなさい。（5点×10）

(1) 今日は風邪で学校を休んだ。

(2) 買い物に出かけます。

(3) 昨日ほど今朝は寒くない。

(4) 私の書いた文章。

(5) 勝手な行動をするな。

(6) 何度も押したが開かない。

(7) 体育館で講演を聞く。

(8) なぜそんなことしたの。

(9) 毛筆で名まえを書いた。

(10) 半分くらいまで飲みなさい。

ア 主語　**イ** 場所　**ウ** 目的　**エ** 手段

オ 理由　**カ** 逆接　**キ** 比較《ひかく》　**ク** 程度

ケ 疑問　**コ** 禁止

2 次の――線の助動詞の意味を後から選び、記号で答えなさい。（5点×10）

(1) 山の上はきっと寒かろう。

(2) 町の産業を調べさせる。

(3) 祖母のことが思い出される。

(4) 絵を描きあげた。

(5) 社長がわざわざ家まで来られた。

(6) 今日は外に出かけない。

(7) 友だちにペンを取られた。

(8) この魚は骨まで食べられる。

(9) 明日こそは早く起きよう。

(10) 作曲家になりたい。

ア 受身　**イ** 可能　**ウ** 自発　**エ** 尊敬

オ 使役《しえき》　**カ** 希望　**キ** 推量　**ク** 意志

ケ 完了《かんりょう》　**コ** 否定

小　説①

合格点 75点
得点 点

解答 ➡ P.126

1 次の文章を読み、後の問いに答えなさい。

「ぼくにもね、夢があるんだ」

「弁護士になる。違《ちが》う？」

以前、そんなことを噂《うわさ》で聞いたことがあった。

「それは、ぼくの母親が言ってること。ぼくがなりたいのはね——」

手嶋《てじま》は効果を出すためか、①言葉を切った。

脩《しゅう》は唾《つば》を飲み込《こ》んだ。すごく大事な秘密が今明かされようとしている。

「宇宙飛行士」と手嶋。「NASA《ナサ》に行って宇宙飛行士になりたい。できればシャトルじゃなくて、火星まで行くミッションに選ばれたい」

「②それって……」

大きな夢というのか、それとも、現実的じゃないというのか。

脩だって、宇宙飛行士というのが、今やれっきとした「職業」だと知っている。カリフォルニアにいた頃《ころ》は伯父《おじ》さんが宇宙飛行士の訓練を受けているというクラスメイトがいた。でも、すごい競争率だし、それは漫画家《まんがか》になるよりずっと難しいことだと思う。

脩がそれを言ったら、③手嶋はニヤリと笑った。

（川端裕人《かわばたひろと》「川の名前」）

(1) ——線①「大事な秘密」とは何ですか。五字以内で書きなさい。（35点）

(2) ——線②「それって……」に込められた脩の気持ちとして最も適切なものを次から選び、記号で答えなさい。（25点）［　］

ア 脩は、手嶋があまりに簡単に実現できる夢をもっていることにあきれている。

イ 脩は、手嶋が競争が激しく実現困難な夢をもっていることにとまどっている。

ウ 脩は、手嶋が自分の夢よりも実現困難な夢をもっていることに満足している。

(3) ——線③の表現を参考にして、後に続く手嶋の発言を十五字程度で書きなさい。（40点）

〔北海道—改〕

小説②

月　日

合格点 75点
得点　点

解答➡P.126

❶ 次の文章を読み、後の問いに答えなさい。

「今度ノブ君の伯父《おじ》さんの自転車屋に行って、トークリップって部品もつけてもらうんだ。」

「①……トークリップって？」

「足をペダルに固定する部品だよ。それがあればペダルを踏《ふ》む力だけじゃなくて引く力でも走れるんだ。」

「足なんか固定して、止まった時に転ばないのかよ。」

「止まる時にはすぽっと抜《ぬ》くらしいんだ。慣れれば転んだりしないって。」

「□」

相槌《あいづち》をうつ昇平《しょうへい》の声は、知らず知らず不機嫌《ふきげん》になっていた。②草太の自転車がグレードアップするのも、草太の知識が増えるのも、草太と伸《のぶ》男《お》がどんどん仲良くなっていくのも、どれもこれも面白くなかった。

自転車好きの草太は伸男から様々なことを教わっていたし、船が好きな伸男は草太の父が貨物船で働いていると知って興味を持っているらしい。なんだか自分だけ取り残されているようだと思うと、草太に問い掛《か》ける口調もぶっきらぼうなものになってしまった。

（竹内《たけうち》　真《まこと》「自転車少年記」）

(1) ――線①「……」からわかる昇平の気持ちとして最も適切なものを次から選び、記号で答えなさい。(25点)　〔　　〕

ア 感心　イ 尊敬
ウ とまどい　エ 親しみ

(2) □に入る言葉として最も適切なものを次から選び、記号で答えなさい。(35点)　〔　　〕

ア そうだね。　イ ほんとー。
ウ いいねー。　エ ふーん。

(3) ――線②「草太の…面白くなかった」とありますが、そのような気持ちになったのはどうしてですか。その理由を文中の言葉を用いて二十五字程度で書きなさい。(40点)

〔山形・茨城―改〕

国語 91 随筆①

合格点 70点
得点　　点

解答 ➡ P.126

1 次の文章を読み、後の問いに答えなさい。

彼《かれ》は子どものころから星にあこがれ、夜空を見上げていた。星のことをもっと知りたいと思い、a星と付き合って生涯《しょうがい》を過ごした。そして、なるほど宇宙のことに精通するようにはなった。けれど、子どものころにそもそもあこがれて眺《なが》めたb星は、そんな立体でも数字でもなく、きわめてアナログ的な星座という絵であったはずだ。ところが、いつのまにかそれをどこかに置き忘れてきてしまった。

「私は科学者ではあったかもしれない。しかし、果たして宇宙を愛する人間だっただろうか。そのことに今になって気づいたんです。私の知っている数字でいけば、あの星とこのc星ではけっして絵を描《えが》くことはない。はるか遠く離れた空間にある別々のd星です。それが星座の中ではまるで家族のように寄り添《そ》い、手を取り合って一枚の絵を作っている。何とすばらしいことだろうと。だから、私は宇宙へのあこがれや愛情をもう一度取り戻《もど》すために、星座を学ぶんです。」

（大林宣彦《おおばやしのぶひこ》「父の失恋《しつれん》　娘《むすめ》の結婚《けっこん》」）

(1) ＝線a～dの「星」のうち、文中の「星座」と同じ意味で用いられているものを一つ選び、記号で答えなさい。（30点）

［　　］

(2) ――線「私は科学者ではあったかもしれない」とありますが、星の科学者である彼は、どのようなことをしてきたと考えられますか。文中の言葉を用いて二十五字程度で書きなさい。（40点）

(3) 次の文の［　　］に入る言葉を文中から抜《ぬ》き出して書きなさい。（10点×3）

宇宙に［　　］することと、それを［　　］ことは違うことに気づき、再び［　　］のことを学び始めた。

随筆②

月　日

合格点 80点
得点 　点

解答 ➡ P.126

1 次の文章を読み、後の問いに答えなさい。

　二年前、奈良《なら》東大寺二月堂のお水取りを見に行ったことがあった。本堂内陣《ないじん》での儀式《ぎしき》の前、回廊《かいろう》で十一人の童子《どうじ》が松明《たいまつ》を振《ふ》り回し、おびただしい観光客がそれを見物していた。暮れ馴染《なず》む空と本堂を背景に、□振り回される松明のけしきは、これまで幾多《いくた》の人々を幻想《げんそう》の世界へと誘《さそ》い込《こ》んだことだろう。だが、つめかけた善男善女の後方からそのけしきをながめた私は、松明の前を飛び交う無数の①ホタルの揺《ゆ》れうごくありさまに目を奪われた。ホタルは、松明の炎《ほのお》をはるかに超える青白い光で、右に左にとうごめいていた。ホタルの正体は、善男善女が振り回される松明の炎をおさめようと構えたケイタイの光だった。そしてデジタルの不気味な光は、アナログ的な松明の炎を、向《む》う側へつつみ込むかのごとき迫力《はくりょく》だった。

　ここでも②人々は、〈肉眼〉を消してすべてをケイタイに依存《いぞん》していた。だが、暮れ馴染む空と本堂を背景に十一本の松明が激しく振り回され、その手前に③おびただしい数のホタルが乱舞《らんぶ》するありさまを、私はあなどれぬ風景として目にとめたものだった。

（村松友視《むらまつともみ》「ケイタイの風景」）

(1) □に入る言葉として最も適切なものを次から選び、記号で答えなさい。（20点）

ア 荒々《あらあら》しく　イ 弱々しく
ウ すがすがしく　エ みずみずしく

［　　］

(2) ――線①とは実際は何ですか。六字で書きなさい。（30点）

(3) ――線②は、ここではどういうことをいっていますか。四十字程度でわかりやすく説明しなさい。（30点）

40

(4) ――線③の表現に込められた筆者の思いとして最も適切なものを次から選び、記号で答えなさい。（20点）

ア 絶望　イ 感動　ウ 反省　エ 慎重《しんちょう》

［　　］

月　日

説明・論説文①

合格点 80点
得点　点

解答 ➡ P.126

1 次の文章を読み、後の問いに答えなさい。

　待望の映画が封切《ふうぎ》られたという事実と、観客が大勢押《お》し寄せて会場が込《こ》みあったという事実、という二つの事柄《ことがら》をことばで表現することにしよう。まず、そっけなく述べれば、「待望の映画がついに封切られた。連日大勢の観客が押し寄せ、会場は混雑をきわめている」となる。が、これでは単なる事実の報道にすぎず、①わざわざ表現する意図がもう一つ明確でない。

　そこで、ふつうは、「待望の映画がついに封切られた。［　　］、連日大勢の観客が押し寄せ、会場は混雑をきわめている」というふうに、二つの文を関係づけて展開する。この流れはきわめて自然だ。ところが、それと同時に、「待望の映画がついに封切られた。だが、大勢の観客が押し寄せ、会場は混雑をきわめている」という②逆方向への展開もごく自然なのだ。

（中村《なかむら》　明《あきら》「日本語のコツ」）

表現に込められた
意図を、正確に
つかみとろう。

(1) ——線①とありますが、その理由として最も適切なものを次から選び、記号で答えなさい。（40点）［　　］

ア 筆者の意見が述べられていないから。
イ 観客の感想などを入れていないから。
ウ 二つの事実を混同して述べているから。
エ 二つの事実の関連がわからないから。

(2) ［　］に入る言葉として最も適切なものを次から選び、記号で答えなさい。（20点）［　　］

ア もしくは　**イ** なぜなら
ウ ところで　**エ** そのため

(3) ——線②とありますが、この展開の表現意図を説明したものとして最も適切なものを次から選び、記号で答えなさい。（40点）［　　］

ア 今すぐに見に行ったほうがいいですよ。
イ もう少しあとで見に行ってはどうですか。
ウ やはり封切られるのを待っていたんですね。
エ 観客は少ないと思っていたんですがね。

〔山口—改〕

説明・論説文②

解答➡P.127

1 次の文章を読み、後の問いに答えなさい。

　もともとサルの仲間は、他の大型哺乳類《ほにゅうるい》のように、はっきりした身体的な特徴《とくちょう》をもってはいない。たとえば、クジラは水中生活に便利なように体型が変化しており、またライオンやトラは筋肉が発達し、敏捷《びんしょう》で、しかも鋭《するど》い牙《きば》や爪《つめ》を備えている。したがって、ある環境《かんきょう》条件下では□を手に入れ、種族を維持《いじ》していくことが容易である。反面、これらの大型哺乳類は、限られた環境下においてのみ繁栄《はんえい》しうる。クジラはもはや陸上で生活することはできないし、ライオンやトラは比較的《ひかくてき》大きな草食獣《そうしょくじゅう》が手に入らなくなったらおしまいである。

　これに対してサルの仲間は、①そういった身体構造上の特徴をもっていない。さらにまた、生まれつきの行動の仕組みが比較的少なく、加えて雑食性でもあるところから、さまざまな環境に適応しうる。いわば、他の大型哺乳類が②特殊《とくしゅ》化《か》するという方向で進化してきたのに対し、サルの仲間はむしろ、③環境に対する柔軟性《じゅうなんせい》において進化してきた、ということができるであろう。

（稲垣佳世子《いながきかよこ》・波多野誼余夫《はたのぎよお》「人はいかに学ぶか」）

(1) □に入る言葉として最も適切なものを次から選び、記号で答えなさい。（20点）

ア 餌《えさ》　イ 住みか
ウ 水　エ 安全

［　　］

(2) ――線①が具体的に述べられている一文の初めの五字を抜《ぬ》き出しなさい。（20点）

(3) ――線②とありますが、ライオンやトラはどのように特殊化していますか。文中の言葉を用いて四十字以内で書きなさい。（30点）

(4) ――線③とはどのようなことですか。文中の言葉を用いて書きなさい。（30点）

［　　］

（茨城―改）

説明・論説文③

月　日

合格点 80点

得点 点

解答 ➡ P.127

1 次の文章を読み、後の問いに答えなさい。

木を構成する細胞の一つひとつは、寒いところでは寒さに耐《た》えるように、雨の多いところでは湿気《しっけ》に強いように、微妙《びみょう》な仕組みにつくられている。あの小さな細胞の中には、人間の知恵《ちえ》のはるかに及《およ》ばない神秘がひそんでいるとみるべきであろう。①それを剝《は》いだり切ったり、くっつけたりするだけで、②神のつくった微妙な構造までもが改良されると考えたこと自体、近代科学への過信だったかも知れない。それはちょうど、一時流行した自然を征服《せいふく》するという言葉が、実は思いあがりだったことが、いま反省されているのと同じ事情ではないだろうか。

木を取り扱《あつか》ってしみじみ感ずることは、木はどんな用途《ようと》にもそのまま使える優《すぐ》れた材料であるが、その優秀性《ゆうしゅうせい》を数量的に証明することは困難だということである。なぜなら、強さとか保温性とかいったどの物理的・化学的性能をとりあげてみても、木はいずれも中位の成績で、最高位にはならないから優秀だと証明しにくい。

（小原二郎《こはらじろう》「木の文化をさぐる」）

(1) ――線①「それ」が指すものを文中から二字で抜《ぬ》き出しなさい。（20点）

(2) ――線②は具体的にどのようなことを指していますか。「……こと。」に続くように、三十字以上四十字以内で書きなさい。（40点）

こと。

(3) この文章から読み取れる、木に対する筆者の考えを説明したものとして最も適切なものを次から選び、記号で答えなさい。（40点）［　　］

ア 木の優秀性を証明していく必要がある。

イ 木の用途の多さを教えていく必要がある。

ウ 物理的・化学的分析《ぶんせき》で判断すべきである。

エ 物理的・化学的分析だけで評価すべきではない。

〔秋田―改〕

説明・論説文④

合格点 80点
得点　点
解答➡P.127

1 次の文章を読み、後の問いに答えなさい。

原日本人の境界認識《にんしき》として、ウチ・ソト認識の外側にヨソという世界がある。ウチ＝自分中心の仲間、ソト＝その外側の関係ある世界、ヨソ＝無関係で〔　　〕できる世界、というわけである。昔の人はウチのものには親しみのあるくだけた言葉を使い、ソトのものには敬語を使い、ヨソのものは「ヨソ者」だからコミュニケーションせずに無視した。同じ電車に乗り合わせた乗客は何も問題が起こらなければ物体として無視できる［A］であるが、話をしたり文句を言ったりするような関係が生じた時点で［B］のものになる。

いまの日本人の礼儀語《れいぎご》不足は、①ウチ・ソト・ヨソ認識に狂《くる》いが生じたことが原因と考えられる。ヨソのものがソトのものになっているのに、態度や言葉は依然《いぜん》としてヨソ扱《あつか》いのままなのである。それが②言うべき言葉を言えない理由である。

（浅《あさ》田《だ》秀子《ひでこ》「敬語で解く日本の平等・不平等」）

(1) 〔　　〕に入る言葉を文中から二字で抜《ぬ》き出しなさい。（20点）

(2) ［A］・［B］に入る言葉の組み合わせとして最も適切なものを次から選び、記号で答えなさい。（20点）〔　　〕

ア Aヨソ・Bソト　イ Aヨソ・Bウチ
ウ Aソト・Bウチ　エ Aソト・Bヨソ

(3) ――線①「ウチ・ソト・ヨソ認識に狂いが生じた」とありますが、このことの具体例にあたると思われるものを次から二つ選び、記号で答えなさい。（20点×2）〔　・　〕

ア 電車の中では黙《だま》って本を読んでいる。
イ 図書室で話をしている人に注意する。
ウ 自転車のベルを鳴らして歩行者をどける。
エ 友だちと話をしながら学校へ行く。
オ 早朝あいさつされたが、知らない人なので黙っている。

(4) ――線②「言うべき言葉」とはどのような言葉ですか。文中から三字で抜き出しなさい。（20点）

説明・論説文⑤

合格点 80点
得点 　点
解答 ➡ P.127

1 次の文章を読み、後の問いに答えなさい。

　歴史的にみても、地理的にみても、どんな社会も、それぞれが「道徳」という規範《きはん》を備えています。それは、やっていいこととといけないこととの区別であり、人間としてほめられることとほめられないこととの区別です。①その内容の一つ一つは、文化や時代によって異なりますが、すべての文化や社会に共通してとらえることのできる本質、□道徳性と言えるものはあるのでしょうか。私はあると思います。それは、②自分の欲《ほっ》することをめざす行動が、他者の欲求や利益のさまたげになるとき、どのようにして「自己抑制《よくせい》」をするかということではないでしょうか。

　自分が欲するものを追求する行動、自分が求めるものを実現しようとする行動というのは、一生懸命《いっしょうけんめい》働くことでもあり、自分の愛する人たちと暮らすことでもあり、一般的《いっぱんてき》に悪いことではないはずです。

（中略）

　しかし、ときによって、その行動は、③他者にとって喜ばしくない事態を引き起こすことがあります。

（長谷川眞理子《はせがわまりこ》「生き物をめぐる4つの『なぜ』」）

(1) ――線①「その内容」とありますが、何の内容ですか。五字以上十字以内で書きなさい。（20点）

(2) □に入る言葉として最も適切なものを次から選び、記号で答えなさい。（20点）

ア そして　イ すなわち
ウ あるいは　エ そのうえ

［　　］

(3) ――線②「自分の欲することをめざす行動」の具体的な例を、文中から二つ抜《ぬ》き出しなさい。（20×2点）

［　　］［　　］

(4) ――線③「他者にとって喜ばしくない」と同じ意味となる表現を、文中から抜き出しなさい。（20点）

［　　］

〔愛媛―改〕

月　日

合格点 70点

得点　点

解答➡P.127

説明・論説文⑥

1 次のグラフは、「今住んでいる地域の行事に参加していますか」という質問に対して、ある学年の小学生と中学生がそれぞれ回答した結果を表したものです。これを見て、後の問いに答えなさい。

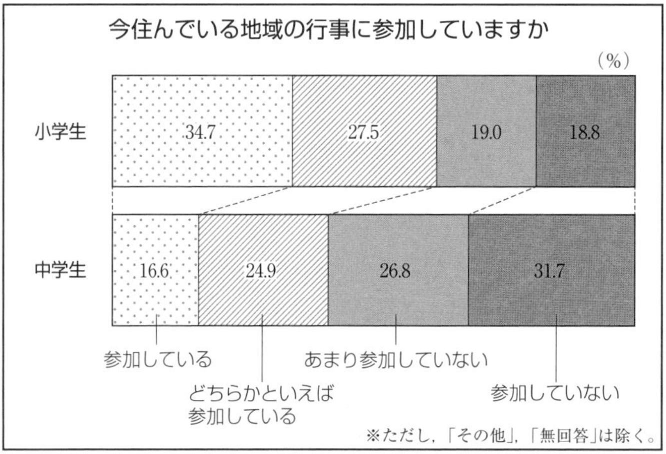

（文部科学省「平成29年度全国学力・学習状況調査報告書」から作成）

(1) グラフから、どのようなことが読み取れますか。小学生と中学生の結果を比較して、三十字以内で書きなさい。（40点）

(2) グラフを見て、課題であると考えたことについて、あなたの主張を書きなさい。（30点）

(3) (2)の主張が実現するように、自分たちで取り組める具体的な提案を書きなさい。（30点）

〔岩手―改〕

月　日

詩

合格点 80点

得点　　点

解答 ➡ P.127

1 次の詩を読み、後の問いに答えなさい。

ばらの初夏

工藤直子《くどうなおこ》

ばらの新芽の　しなやかなこと
ちいさな娘《むすめ》の　手首のように
いのちのながれが
すきとおってみえる

風が　ふいた
光が　ふった
ばらの新芽に
てんとうむしが　とまった

てんとうむしは　まるで
ちいさな娘の　手首にひかる
ちいさな腕時計《うでどけい》のようだ
耳にあてればコチコチ
初夏の音がする。

（「くどうなおこ詩集　○《まる》」）

(1) この詩の形式を次から選び、記号で答えなさい。（20点）

ア 定型詩　イ 自由詩　ウ 散文詩

〔　　〕

(2) ――線「コチコチ」と同じく、擬音語《ぎおんご》が用いられている俳句を次から選び、記号で答えなさい。（40点）

ア きびきびと万物《ばんぶつ》寒に入りにけり
イ あをあをと空を残して蝶《てふ》分《わか》れ
ウ ぐんぐんと夕焼《ゆふやけ》の濃くなりきたり
エ かんかんと鳴り合ふ竹や神無月《かんなづき》

〔　　〕

(3) この詩の説明として最も適切なものを次から選び、記号で答えなさい。（40点）

ア 柔《やわ》らかいばらの新芽やてんとうむしの様子が、比喩《ひゆ》を用いて効果的に表現されている。
イ ちいさな娘が初夏を感じている様子が、倒置法《とうちほう》を用いて効果的に表現されている。
ウ ばらの新芽の厳《おごそ》かで堂々とした様子が、体言止めを用いて効果的に表現されている。
エ 春のなごりを惜《お》しむてんとうむしの様子が、対句《ついく》を用いて効果的に表現されている。

〔　　〕

〔北海道―改〕

短歌

月　日

合格点 80点

得点　　点

解答 ➡ P.128

1 次の文章を読み、後の問いに答えなさい。

パンジーとチューリップ咲《さ》きパンジーの黄
チューリップの黄と同化せず　　『天の穴』

[A]になると一斉《いっせい》に花が咲きます。おなじ花壇《かだん》に何種類かの花が咲いている。チューリップもパンジーも同じ黄色。その[B]黄色でありながら同じではない。チューリップの中にパンジーが混ざっていても、やはりどことなく違《ちが》うのです。

歌の意味はそこまでです。すこし深読みしてみますと、人間だってそうだな、と思うのです。似たような育ち方や考え方、あるいは、似たような背格好の同級生が混ざっていてもそれぞれの個性や主張があるものです。ものには自己主張があって、けっしてみんな[C]ということはない、という。

人間がひと言で「黄色」と分類しても、実際には分類しきれないのが自然です。自然のありようは人為《じんい》を超《こ》えている、と感じたのです。あんな小さな可憐《かれん》な花でさえ、人間の手に支配されることはないのです。この草花の前で、むしろ小さな人間というものを考えました。

（沖《おき》　ななも「今からはじめる短歌入門」）

(1) 文中の短歌は何句切れか次から選び、記号で答えなさい。（20点）

ア 初句切れ　**イ** 三句切れ
ウ 四句切れ　**エ** 句切れなし

［　　］

(2) [A]に入る言葉として最も適切なものを次から選び、記号で答えなさい。（25点）

ア 春　**イ** 夏
ウ 秋　**エ** 冬

［　　］

(3) [B]・[C]に共通して入る言葉を文中から二字で抜《ぬ》き出しなさい。（25点）

□□

(4) ——線「人間だってそうだな」とありますが、これはどういうことですか。「……ということ。」に続くように、文中から十七字で抜き出しなさい。（30点）

□□□□□□□□□□□□□□□□□ということ。

古文①

1 次の古文を読み、後の問いに答えなさい。

今は昔、*隠題《かくしだい》をいみじく興ぜさせ給《たま》ひける（たいへんおもしろがりなさった）御《み》門《かど》（天皇）の、*ひちりきを詠《よ》ませられけるに、（題として詠ませなさったが）人々①わろく詠みたりけるに、木こる童《わらは》（木を切る仕事をする子ども）の、暁《あかつき》（明け方）、山へ行くとていひける。「この比《ごろ》ひちりきを②詠ませさせ給ふなるを、（お詠ませになるということだが）人のえ詠み給はざるなる、（お詠みになれないそうだ）童こそ（自分なら）詠みたれ」（詠めたのに）といひければ、（と言ったところ）具して行く童部《わらはべ》、（連れ立っていく子ども）「あな、③おほけな。（身の程《ほど》知らずな）④かかることないひそ。（そんなことを言うな）さまにも似ず。（似つかわしくない）いまいまし」といひければ、「などか（どうして）必ずさまに似る事か」とて、

めぐりくる春々ごとに桜花いくたびちりき人に問はばや
（毎年めぐって来る春ごとに桜の花は幾度《いくど》咲《さ》き、散っていったことか。だれかに聞いてみたい）

といひたりける。さまにも似ず、思ひかけずぞ。

（「宇治拾遺物語《うじしゅういものがたり》」）

*隠題＝題として出された物の名を、歌中の他の語句に隠《かく》し詠むこと。文中の歌では、「いくたびちりき」の部分に「ひちりき」が隠されている。
*ひちりき＝雅楽《ががく》に用いる竹製の縦笛。

(1) ――線①の現代語訳として最も適切なものを次から選び、記号で答えなさい。（25点）
ア 気分よく詠めなかったときに
イ 上手には詠めなかったときに
ウ 下品な言葉で詠んだときに
エ 悪意を込《こ》めて詠んだときに
［　　］

(2) ――線②の主語として最も適切なものを次から選び、記号で答えなさい。（25点）
ア 御門　イ 人々
ウ 木こる童　エ 具して行く童部
［　　］

(3) ――線③を現代仮名遣《かなづか》いに直しなさい。（20点）
［　　］

(4) ――線④は、具体的にどのようなことを指していますか。文中から十字以内で抜《ぬ》き出しなさい。（30点）

〔大分―改〕

国語 102

古　文②

合格点 70点
得点　　点
解答 ➡ P.128

1 次の古文を読み、後の問いに答えなさい。

*秦《しん》の恵王《けいわう》、*蜀《しょく》の国を討《う》たむとしたまへるに、（討ちとろうとされたとき）（蜀への道は途中《とちゅう》でなくなり）道絶えて、人通ふ境にあらず。（場所でなかった）はかりことをめぐらし、石の牛を作りて、牛の尻《しり》に金を置きて、ひそかに境のほとりに送り遣《つか》はす。（国境の近くまで運ばせた）そののち、蜀の国の人、この牛を見て、「石牛、天より下りて、金を下せり。」（金の糞《ふん》をした）と思へり。すなはち五人の力人をして、（力のある人に頼《たの》んで）山を掘《ほ》り、牛を引くに、険しき山、（険しくて危険な山道も）平らげる道になりぬ。

秦の相《しやう》　*張儀《ちやうぎ》を遣はして、（大臣の張儀を派遣《はけん》して）石牛の跡《あと》を見て、蜀の国を討ちとりてけり。

（「十訓抄《じっきんしょう》」）

*秦の恵王＝中国の戦国時代（紀元前四〇三～紀元前二二一）の秦の国の恵文王。
*蜀＝中国の戦国時代の国の名。秦の国に滅《ほろ》ぼされた。
*張儀＝中国の戦国時代の政治家。秦の恵王に仕えた。

(1) ――線について、「秦の恵王」は、どのような「はかりこと」をめぐらしたのですか。最も適切なものを次から選び、記号で答えなさい。（30点）

ア 自分の国を守るために、石の牛を金の牛のように見せかけたこと。
イ 蜀の国への道を作らせるため、石の牛が金の糞をしたように見せかけたこと。
ウ 秦の大臣に、石の牛が天から下ってきたように見せかけたこと。

［　　］

(2) 本文の展開に従って、次のア～エを順に並べかえなさい。（70点）

［　　→　　→　　→　　］

ア 秦の恵王は、蜀の国の人が石の牛を引かせた道を利用して蜀の国を討ちとった。
イ 秦の恵王は、石で牛を作り、牛の尻に金を置き国境の近くまで運ばせた。
ウ 蜀の国の人は、五人の力のある人に、石の牛を蜀の国まで引かせた。
エ 秦の恵王は、蜀の国を攻《せ》めようとしたが、蜀への道は途中でなくなっていた。

〔埼玉―改〕

漢文・漢詩①

月　日

合格点 75点

得点　　点

解答 ➡ P.128

1 次の漢詩と書き下し文、解説文を読み、後の問いに答えなさい。

瑞安江《ずいあんこう》に泛《うか》べば風濤貼然《ふうとうちょうぜん》たり　陸游《りくゆう》

俯仰《ふぎょう》すれば両《ふた》つながら青空
舟は行く明鏡の中《うち》
蓬萊《ほうらい》定めて遠からず
正に一飄《いっぱん》の風を要するのみ

泛ベバ二瑞安江ニ一風濤貼然タリ　陸游

俯仰スレバ両ツナガラ青空
舟ハ行ク明鏡ノ中
蓬萊①定メテ不ず遠カラ
正ニ要スルノミ二一飄ノ風ヲ一

（解説文）「瑞安江（川）に舟を浮《う》かべると波は落ち着いている」と題されたこの詩は、はじめて官職を得た作者が任地へ赴《おもむ》く際に詠《よ》んだものである。舟に乗る作者の目には、②上を向いても下を向いても青空が広がるばかりである。やがて思いは仙人《せんにん》が住むという伝説の島、蓬萊へと向けられる。「飄（帆《ほ》）を揺《ゆ》らすだけの風が吹《ふ》けばたどり着けるほど、その理想郷は□はずだ」という表現から、③作者の高揚《こうよう》した心情がうかがえる。

(1) 書き下し文の読み方になるように、――線①に返り点をつけなさい。（20点）

［定メテ不ず遠カラ］

(2) ――線②について、作者の目にこのように見えたのはなぜですか。「青空」と「鏡」という語を用いて、「……から。」に続くように書きなさい。（30点）

［　　　　から。］

(3) 解説文中の□に入る適切な言葉を書きなさい。（25点）

［　　　　］

(4) ――線③について、「□□揚々」の空欄《くうらん》に適切な漢字を入れ、この詩の作者の心情にあう四字熟語を完成させなさい。（25点）

□□揚々

〔兵庫―改〕

漢文・漢詩②

月　日

合格点 80点

得点　　点

解答 ➡ P.128

1 次の漢文の書き下し文を読み、後の問いに答えなさい。

*斉《せい》の*景公《けいこう》、*子貢《しこう》に謂《い》ひて曰《い》はく（言った）、「子《し》（あなた）①誰《たれ》をか師とする。」と。曰はく、「臣《しん》（私）は*仲尼《ちゅうぢ》を師とす。」と。公曰はく、「仲尼は賢《けん》なるか（賢者であるか）。」と。②対《こた》へて曰はく、「賢なり。」と。公曰はく、「其《そ》の賢いかん（その賢さはどのようなものか）。」と。対へて曰はく、「知らざるなり。」と。公曰はく、「子其の賢を知りて、其のいかんを知らず（それがどのようなものかを知らない）、可《か》ならんか（それでもよいのか）。」と。対へて曰はく、「今天を高しと謂ふ。③皆《みな》高きを知るも、高きことといくばくなるか（天の高さがどれくらいあるか）は、皆曰はく、『知らざるなり。』と。是《ここ》を以《もつ》て（だから）④仲尼の賢を知るも、而《しか》も其のいかんを知らず。」と。

（劉向《りゅうきょう》「説苑《ぜいえん》」）

*斉＝国名。　*景公＝斉国の君主。
*子貢＝人名、孔子《こうし》の弟子《でし》。
*仲尼＝人名、孔子のこと。

(1) ――線①の現代語訳を書きなさい。（30点）

[　　　　]

(2) ――線②は、誰が答えて言ったのですか。次から一つ選び、記号で答えなさい。（20点）

ア 景公　イ 仲尼　ウ 子貢　エ 皆

[　　]

(3) ――線③は、漢文「皆知高」を書き下し文に改めたものである。書き下し文を参考にして返り点をつけなさい。（20点）

[皆 知ルモ 高キヲ]

(4) ――線④は、どのようなことを述べたものですか。最も適切なものを次から選び、記号で答えなさい。（30点）

ア 天の高さを知ることよりも仲尼の賢さを知ることのほうが難しい。
イ 仲尼の賢さは天の高さと同じようにはかり知れないものである。
ウ 天の高さと同様に仲尼の賢さは簡単に知ることができる。
エ 仲尼の賢さは天の高さと比べてみると全くおよばないものだ。

[　　]

〔山口〕

解答編

5科2年

数学

▶式の計算

1 式の加減

❶ (1) 単項式《たんこうしき》 (2) 多項式《たこうしき》

❷ (1) $2a$, $-b$, -8

(2) $\frac{1}{5}x^2$, $8y$, $-\frac{1}{9}$

❸ (1) 2次式 (2) 5次式 (3) 1次式

(4) 3次式

❹ (1) $6x-3y$ (2) $2a-9b$

(3) $15x-7y$ (4) $4y-2$

❺ (1) 和…$4x+3y$ 差…$-2x+7y$

(2) 和…$-5a^2+5a-6$

差…$7a^2-13a+8$

解説

❸ 多項式では，各項の次数のうちでもっとも大きいものを，その多項式の**次数**という。

(4) $\underset{3次}{\underline{9x^2y}}\underset{2次}{\underline{-xy}}+\underset{1次}{\underline{4x}} \longrightarrow$ 3次式

❹ (4) 減法では，ひく式の各項の符号《ふごう》を変えて加える。

$$\begin{array}{r} x+3y-5 \\ \underline{+)\ -x+\ y+3} \\ 4y-2 \end{array}$$

2 いろいろな多項式の計算

❶ (1) $8x+20y$ (2) $-3a+2b$

(3) $3x-2y$ (4) $8a-24b$

❷ (1) $10x+2y$ (2) $-8x-y$

(3) $7x+6y+4$ (4) $15a-18b-1$

(5) $\frac{13}{6}x+\frac{1}{2}y$ (6) $-x+11y$

❸ (1) $\frac{22x+y}{6}$ (2) $\frac{3a+11b}{10}$

❹ (1) -4 (2) $\frac{23}{2}$

解説

❸ (1) $\frac{2(5x-7y)+3(4x+5y)}{6}=\frac{22x+y}{6}$

(2) $\frac{7a+3b-2(2a-4b)}{10}=\frac{3a+11b}{10}$

❹ 式を簡単にしてから，x，y の値《あたい》を代入する。

(2) $3(x+3y)-2(3x+2y)=-3x+5y$

$=-3\times(-3)+5\times\frac{1}{2}=9+\frac{5}{2}=\frac{23}{2}$

3 単項式の乗除

❶ (1) $63xy$ (2) $-4ab$ (3) $-40a^3$

(4) $-2x^3y$ (5) $36a^3b^2$

(6) $-10x^4y^3$

❷ (1) $-3b$ (2) $\frac{4}{3}x$ (3) $-15b$

(4) $\frac{2x}{5y}$

❸ (1) $-6a^4b^3$ (2) $2x$ (3) $-2a$

(4) $\frac{8}{9}x^3$

解説

❸ すべて乗法になおして計算する。

(2) $x^2y\times\frac{1}{3xy^2}\times6y=\frac{x^2y\times6y}{3xy^2}=2x$

4 文字式の利用

❶ (1) (順に) $a+1$, $a+7$, $a+8$, $2a+8$, $2a+8$

(2) 3つの数のうち，中央の数を n とすると，3つの数は，$n-1$, n, $n+1$ と表される。それらの和は，

$(n-1)+n+(n+1)=3n$
したがって，3つの数の和は，中央の数の3倍になる。

❷ (1) $x=y+14$　(2) $r=\dfrac{2S}{\ell}$

(3) $a=\dfrac{2m-9b}{5}$　(4) $b=a-\dfrac{\ell}{3}$

解説

❷ (3) 左辺と右辺を入れかえて，両辺を2倍すると，$5a+9b=2m$

$5a=2m-9b$

両辺を5でわって，$a=\dfrac{2m-9b}{5}$

▶連立方程式

5 連立方程式の解き方①

❶ イ

❷ (1) $x=4$，$y=3$　(2) $x=3$，$y=-1$

(3) $x=-1$，$y=-2$

(4) $x=0$，$y=2$

❸ (1) $x=2$，$y=5$　(2) $x=\dfrac{3}{2}$，$y=1$

(3) $x=-6$，$y=-5$

(4) $x=2$，$y=4$

解説

❷ 1つの文字の係数の絶対値が等しくなるように両辺を何倍かして，**加減法**を使う。上式を①，下式を②とする。

(3) ①×4+②×3 より，

$55x=-55$　$x=-1$

$x=-1$ を①に代入すると，

$-7+3y=-13$　$3y=-6$　$y=-2$

❸ **代入法**を使う。上式を①，下式を②とする。

(3) ②を①に代入すると，

$3x-(x-4)=-8$　$2x=-12$　$x=-6$

これを②に代入すると，

$2y=-10$　$y=-5$

6 連立方程式の解き方②

❶ (1) $x=-3$，$y=4$

(2) $x=1$，$y=-2$

(3) $x=3$，$y=1$　(4) $x=-5$，$y=3$

❷ (1) $x=4$，$y=-3$　(2) $x=3$，$y=3$

解説

上式を①，下式を②とする。

❶ (3) ①×12　$4x-3y=9$ ……①′

①′−②×4 より，$-11y=-11$　$y=1$

これを②に代入すると，

$x+2=5$　$x=3$

❷ (1)

$$\begin{array}{lrl} ①\times10 & 3x+2y=6 & \cdots\cdots①' \\ ②\times12 & -)\ 3x+8y=-12 & \cdots\cdots②' \\ \hline & -6y=18 & y=-3 \end{array}$$

これを①′に代入すると，

$3x-6=6$　$x=4$

(2) $A=B=C$ の形をした連立方程式は，

$\begin{cases}A=B\\A=C\end{cases}$ $\begin{cases}A=B\\B=C\end{cases}$ $\begin{cases}A=C\\B=C\end{cases}$

の，どの組み合わせをつくっても解くことができる。

7 連立方程式の利用①

❶ 160円のノート…3冊
120円のノート…5冊

❷ (1) $\begin{cases}x+y=13\\ \dfrac{x}{15}+\dfrac{y}{12}=1\end{cases}$

(2) A地からP地まで…5km
P地からB地まで…8km

❸ (1) $\begin{cases}30y-30x=2400\\6x+6y=2400\end{cases}$

(2) 兄…毎分160m，弟…毎分240m

解説

❶ 160円のノートを x 冊，120円のノートを y 冊買ったとすると，

$\begin{cases}x+y=8\\160x+120y=1080\end{cases}$

❷ (1) **時間**$=\dfrac{\textbf{道のり}}{\textbf{速さ}}$ を使って，

A 地から P 地にかかる時間
　＋P 地から B 地にかかる時間 ＝1 時間
を式に表す。

❸ (1) 同じ方向にまわるときは，2 人が 30 分間に進んだ道のりの差が 2400m になり，反対の方向にまわるときは，2 人が 6 分間に進んだ道のりの和が 2400m になる。

8　連立方程式の利用②

❶ 44

❷ (1) $\begin{cases} x+y=35 \\ \dfrac{30}{100}x+\dfrac{20}{100}y=9 \end{cases}$

(2) 男子…20 人，女子…15 人

❸ (1) $\begin{cases} x+y=225 \\ -\dfrac{8}{100}x+\dfrac{12}{100}y=2 \end{cases}$

(2) 男子…125 人，女子…100 人

解説

❶ 大きいほうの自然数を x，小さいほうの自然数を y とすると，$\begin{cases} x+y=70 \\ x=2y-8 \end{cases}$

これを解くと，$x=44$，$y=26$

❷ (1) めがねをかけている男子は $\dfrac{30}{100}x$ 人，めがねをかけている女子は $\dfrac{20}{100}y$ 人だから，$\dfrac{30}{100}x+\dfrac{20}{100}y=9$

($0.3x+0.2y=9$ としてもよい。)

❸ (1) 男子は 8%減ったから $-\dfrac{8}{100}x$ 人，

女子は 12%増えたから $+\dfrac{12}{100}y$ 人，

全体で 2 人増えたから，

$-\dfrac{8}{100}x+\dfrac{12}{100}y=2$

別解 今年の生徒数が 227 人になることから，$\dfrac{92}{100}x+\dfrac{112}{100}y=227$ としてもよい。

9　1 次関数

❶ (1) ① $y=-x+500$

② $y=\dfrac{6}{x}$

③ $y=80x+100$

(2) ①，③

❷ (1) $y=-0.4x+16$　(2) 40 分

❸ (1) -3　(2) -6

解説

❶ (2) 1 次関数は，$\boldsymbol{y=ax+b}$ の形で表される。

❷ (2) (1)の式 $y=-0.4x+16$ に $y=0$ を代入すると，$0=-0.4x+16$　$x=40$

❸ (1)

x	-1	…	2
y	5	…	-4

$\dfrac{y\text{の増加量}}{x\text{の増加量}}=\dfrac{-4-5}{2-(-1)}=\dfrac{-9}{3}=-3$

1 次関数の変化の割合は一定で，x の係数に等しい。

(2) y の増加量 $=-\dfrac{3}{4}\times 8=-6$

10　直線の式

❶ (1) $y=2x-2$　(2) $y=\dfrac{2}{3}x+2$

(3) $y=-\dfrac{1}{3}x+1$　(4) $y=-\dfrac{3}{2}x-4$

❷ (1) $y=\dfrac{1}{4}x-8$　(2) $y=-3x+11$

(3) $y=5x-16$　(4) $y=2x-4$

(5) $y=-x+1$

解説

❷ 直線の式を $y=ax+b$ とおき，a，b の値《あたい》を求める。

(2) $a=-3$ より，$y=-3x+b$

これに $x=2$，$y=5$ を代入すると，

$5=-6+b$　$b=11$

よって，$y=-3x+11$

(3) $y=5x-7$ に平行だから，$a=5$
$y=5x+b$ に $x=3$，$y=-1$ を代入すると，$-1=15+b$　$b=-16$
よって，$y=5x-16$
(4) $b=-4$ より，$y=ax-4$
これに $x=-1$，$y=-6$ を代入すると，
$-6=-a-4$　$a=2$
よって，$y=2x-4$
(5) $x=-3$，$y=4$ を代入すると，
$4=-3a+b$ ……①
$x=3$，$y=-2$ を代入すると，
$-2=3a+b$ ……②
①，②の連立方程式を解いて，
$a=-1$，$b=1$
よって，$y=-x+1$

11　2元1次方程式とグラフ

❶

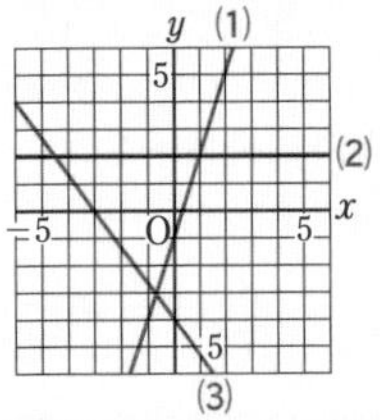

❷ (1) グラフは右の図
$x=3$，$y=4$

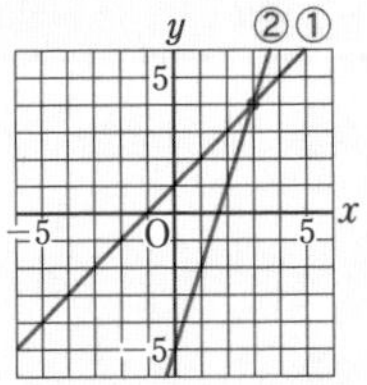

(2) グラフは右の図
$x=2$，$y=-2$

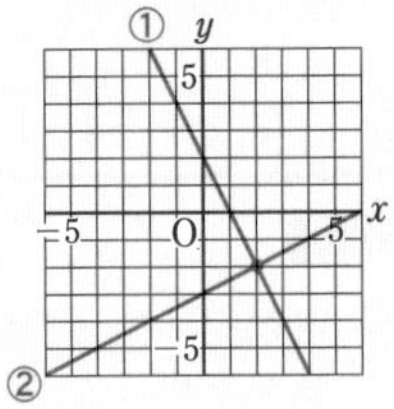

❸ (1) ① $y=\frac{3}{2}x-2$　② $y=\frac{1}{3}x+1$
(2) $\left(\frac{18}{7},\ \frac{13}{7}\right)$

解説

❶ 式を $y=$ ～ の形にして，傾《かたむ》き，切片を求める。
(2) $y=2$ のグラフは，y 軸《じく》上の点(0，2)を通り，x 軸に平行な直線である。

❸ (2) ①，②の式を連立方程式として解いたときの解が交点の座標となる。

12　1次関数の利用

❶ (1) $y=\frac{1}{6}x+15$　(2) 18cm　(3) 48g
❷ (1) 時速 16km
(2) ①

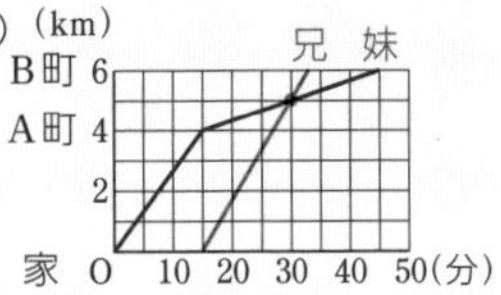

午前 10 時 30 分
② 5km

解説

❷ (2) 兄は 1 時間で 20km 進むから，15 分で $20\div4=5$(km)進むことになる。

▶平行と合同

13　平行線と角

❶ (1) 対頂角　(2) 同位角　(3) 錯角《さっかく》
❷ (1) 65°　(2) 52°
❸ $\angle x=105°$，$\angle y=75°$，$\angle z=70°$
❹ (1) 120°　(2) 125°

解説

❸ $\ell /\!/ m$ だから，同位角・錯角が等しいことを使う。
$\angle y=180°-105°=75°$

❹ (1) ℓ，m に平行な直線をひくと，
$\angle x=180°-60°$
$=120°$

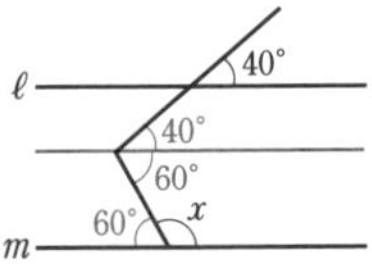

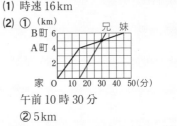

(2) ℓ，mに平行な直線をひくと，
$\angle x=105°+20°$
$=125°$

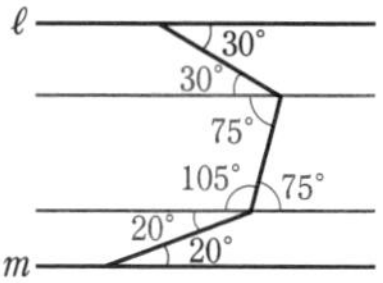

14 多角形の角

❶ (1) 24°　(2) 26°
❷ (1) 1260°　(2) 144°　(3) 30°
(4) 正八角形
❸ (1) 100°　(2) 125°

解説

❶ (1) $\angle x+42°=21°+45°$より，$\angle x=24°$
(2) 右の図で，
$\angle x+94°=120°$
$\angle x=120°-94°$
$=26°$

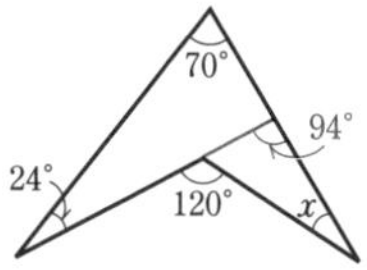

❷ (1) n角形の内角の和は **180°×(n−2)** だから，$180°\times(9-2)=1260°$
(3) n角形の外角の和は360°だから，
$360°\div12=30°$

❸ (1) $85°+125°+70°$
$+\angle y=360°$
$\angle y=80°$
$\angle x=180°-\angle y=100°$

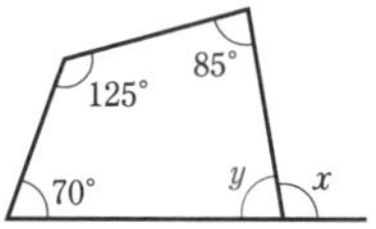

(2) 多角形の外角の和は360°だから，
$\angle y+70°+75°$
$+110°+50°=360°$
$\angle y=55°$
$\angle x=180°-\angle y=125°$

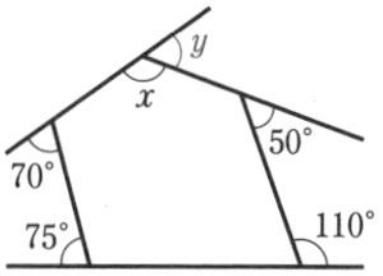

15 合同と証明①

❶ (1) 仮定…AB＝CD，AB∥CD
結論…OA＝OD
(2) a DCO　b 錯角《さっかく》　c ODC
d OCD　e 1組の辺とその両端《りょうたん》の角がそれぞれ等しい

解説

❶ (2) AB∥CDより，平行線の錯角が等しいことを利用する。

16 合同と証明②

❶ (1) DCE　(2) DC　(3) CE　(4) DCE
(5) 2組の辺とその間の角がそれぞれ等しい
❷ △ABCと△ADCにおいて，
仮定より，AB＝AD ……①
BC＝DC ……②
ACは共通 ……③
①，②，③から，3組の辺がそれぞれ等しいので，△ABC≡△ADC
よって，∠BAC＝∠DAC
したがって，ACは∠BADを2等分する。

解説

❶ **三角形の合同条件**「2組の辺とその間の角がそれぞれ等しい」を使って証明する。
❷ **三角形の合同条件**「3組の辺がそれぞれ等しい」を使って証明する。

▶三角形と四角形

17 三角形①

❶ (1) 52°　(2) 72°　(3) 112°　(4) 34°
❷ (1) 逆…△ABCと△DEFにおいて，
AB＝DEならば，
△ABC≡△DEF
正しくない。
反例…AB＝5cm，BC＝4cm，AC＝3cmの三角形と，DE＝5cm，EF＝6cm，DF＝7cmの三角形は合同ではない。
(2) 逆…整数x，yで，xyが奇数《きすう》ならば，xもyも奇数である。
正しい。

解説

❶ 二等辺三角形の2つの底角は等しい。

(3) 180°－146°＝34°

∠x＝180°－34°×2＝112°

❷ あることがらの仮定と結論を入れかえたものを，そのことがらの**逆**という。正しいことの逆が正しくない場合は，成り立たない例(反例)を1つあげる。

18 三角形②

❶ (1) DOP　(2) ODP　(3) 共通

(4) 直角三角形の斜辺《しゃへん》と1つの鋭角《えいかく》がそれぞれ等しい

(5) OPD

❷ (1) △BCEと△CBDにおいて，

仮定より，BE＝CD ……①

∠BEC＝∠CDB＝90° ……②

BCは共通 ……③

①，②，③から，直角三角形の斜辺と他の1辺がそれぞれ等しいので，

△BCE≡△CBD

(2) (1)から，合同な図形の対応する角は等しいので，∠EBC＝∠DCB

よって，2つの角が等しいので，

△ABCは二等辺三角形である。

解説

❶ **直角三角形の合同条件**「斜辺と1つの鋭角がそれぞれ等しい」を使って証明する。

❷ (2) 2つの角が等しい三角形は，**二等辺三角形**である。

19 平行四辺形①

❶ (1) x＝6，y＝4

平行四辺形の対辺はそれぞれ等しい。

(2) x＝110，y＝70

平行四辺形の対角はそれぞれ等しい。

(3) x＝2.6，y＝1.5

平行四辺形の対角線はそれぞれの中点で交わる。

(4) x＝120，y＝25

平行四辺形の対角はそれぞれ等しい。

❷ △ABEと△CDFにおいて，

仮定より，

∠AEB＝∠CFD＝90° ……①

平行四辺形の対辺は等しいから，

AB＝CD ……②

AB//DCより，錯角《さっかく》は等しいから，

∠ABE＝∠CDF ……③

①，②，③から，直角三角形の斜辺《しゃへん》と1つの鋭角《えいかく》がそれぞれ等しいので，△ABE≡△CDF

したがって，AE＝CF

解説

❶ (2) y＋110＝180 より，y＝70

(4) y＋35＋120＝180 より，y＝25

❷ **直角三角形の合同条件**「斜辺と1つの鋭角がそれぞれ等しい」を使って証明する。

20 平行四辺形②

❶ (1) ひし形　(2) 長方形　(3) 正方形

❷ (1) 87°　(2) 55°

❸ △AED，△AFC，△DFCから2つ

解説

❷ (2) 右の図で，

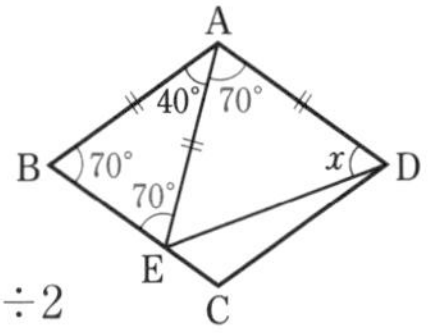

AB＝AE＝AD，

∠EAD＝70°より，

∠x＝(180°－70°)÷2

＝55°

❸ △AEC＝△AFCより，△AFCと面積の等しい三角形を答えてもよい。

▶データの活用

21 データの分析

1 (1) 7.65 秒　(2) 7.3 秒　(3) 7.9 秒
(4) 0.6 秒

2 イ，エ

解説

1 (2) データの数は 10 個だから，第 1 四《し》分位数《ぶんいすう》は，1 番目から 5 番目までの値《あたい》の中央値である 7.3 秒となる。

(3) データの数は 10 個だから，第 3 四分位数は，6 番目から 10 番目までの値の中央値である 7.9 秒となる。

(4) 四分位範囲《しぶんいはんい》は，第 3 四分位数と第 1 四分位数の差だから，7.9−7.3＝0.6(秒)となる。

2 **ア**：数学のテストのデータの最小値は 72 点である。

イ：国語のテストのデータの最大値は 98 点である。

ウ：数学のテストのデータの中央値は 84 点だから，84 点以上の生徒は 13 人以上である。

エ：国語のテストのデータの第 1 四分位数は 76 点だから，76 点以上の生徒は 19 人以上である。

22 確　率

1 (1) $\frac{1}{9}$　(2) $\frac{7}{36}$　**2** (1) $\frac{1}{3}$　(2) $\frac{3}{4}$

3 $\frac{1}{3}$　**4** $\frac{2}{5}$

解説

4 当番の選び方は，{A，B}，{A，C}，{A，D}，{A，E}，{B，C}，{B，D}，{B，E}，{C，D}，{C，E}，{D，E} の計 10 通り。このうち，E が選ばれるのは，下線をひいた 4 通り。

社　会

▶地理的分野

23 地図の見方

1 (1) 北　(2) ①等高線　②尾根《おね》　(3) イ

2 (1) A　(2) 550(m)　(3) 南西
(4) F…博物館・美術館　G…果樹園
(5) 750(m)

解説

1 (2) ②逆に山ろくから山頂に向かって**等高線**がくいこむところを谷という。

2 (1) 等高線の間隔《かんかく》が広いほど傾斜《けいしゃ》はゆるやか。

(5) 実際の長さ＝地形図上の長さ×縮尺の分母なので，3cm×25000＝75000cm＝750m。

24 日本の自然

1 (1) フォッサマグナ　(2) リアス海岸
(3) P…黒潮《くろしお》(日本海流)
Q…親潮《おやしお》(千島《ちしま》海流)　(4) イ

2 (1) (順に)短く，急　(2) 環太平洋《かんたいへいよう》
(3) ①扇状地《せんじょうち》　②三角州《さんかくす》(デルタ)

解説

1 (4) a は釧路《くしろ》。b の松本は**ウ**，c の金沢は**エ**，d の大分は**ア**。

2 (1) 日本の川は，世界の大河と比べ，長さが短く流れが急で，流域面積も小さい。

25 日本の人口

1 (1) ①老年人口　②平均寿命《じゅみょう》
③出生率《しゅっしょうりつ》
(2) ①過密《かみつ》　②過疎《かそ》

2 (1) B→C→A　(2) イ　(3) ウ

解説

❶ (1) ③一人の女性が一生の間に出産する子どもの数が減少している。

❷ (2) Bは**富士山《ふじさん》型**，C は**つりがね型**。
(3) エチオピアなどの発展途上国《とじょうこく》は，多産多死の富士山型になる。

26 日本の資源・エネルギー・産業

❶ (1) 機械…**イ**　化学…**ウ**　金属…**ア**
(2) **イ**

❷ (1) ①原油(石油)　②鉄鉱石
(2) 栽培《さいばい》漁業　(3) 近郊《きんこう》農業

解説

❶ (1) **エ**は食料品である。
(2) ICは機械工業に含《ふく》まれる。

❷ (1) ①**ペルシア湾《わん》沿岸**に注目する。

27 日本の交通・通信

❶ (1) **イ**　(2) **ア**，**エ**　(3) **イ**
(4) **イ**　(5) **イ**　(6) ハブ空港　(7) **ウ**
(8) 光ファイバー

解説

❶ (5) 上位の品目が，軽量あるいは高価なものであることに着目。**ア**の千葉《ちば》港では石油製品や鉄鋼，**ウ**の名古屋《なごや》港では自動車や自動車部品，**エ**の神戸《こうべ》港ではプラスチックや織物類などが上位を占《し》める。

28 九州地方

❶ (1) ①筑紫《つくし》　②筑後《ちくご》　③大隅《おおすみ》　④種子《たねが》
(2) 干拓《かんたく》　(3) シラス台地

❷ 肉用牛…**イ**　ピーマン…**ア**

解説

❶ (2) ⑤は有明海《ありあけかい》。

❷ **ウ**は豚《ぶた》の飼育頭数，**エ**はじゃがいもの生産量である。

29 中国・四国地方

❶ (1) ①宍道《しんじ》　②太田　③吉野　④室戸《むろと》
(2) ①**ウ**・倉敷《くらしき》　②**ア**・境港《さかいみなと》
③**イ**・呉《くれ》

❷ ①岡山《おかやま》県　②広島県　③愛媛《えひめ》県

解説

❷ 中国・四国地方のなかでは，広島県がもっとも人口が多い。愛媛県は，紙・パルプ業が盛《さか》ん。

30 近畿地方

❶ (1) ①紀伊《きい》　②志摩《しま》　③紀ノ　④琵琶《びわ》
(2) **ア**　(3) **イ**　(4) **ウ**　(5) **イ**
(6) 神戸《こうべ》市　(7) **エ**

解説

❶ (2) 杉《すぎ》・ひのきが植林され，日本有数の林業地帯。
(4) ⑤は信楽《しがらき》焼で有名。
(5) ⑥は門真《かどま》市。
(7) **エ**は英虞湾《あごわん》。

31 中部地方

❶ (1) ①飛騨《ひだ》　②木曽《きそ》　③天竜《てんりゅう》　④伊豆《いず》
(2) 茶　(3) 輪中《わじゅう》　(4) A…**ク**　B…**ケ**
(5) ①**エ**　②**オ**

解説

❶ (4) Aの愛知県は豊田《とよた》の自動車，Bの静岡県は浜松《はままつ》のオートバイが有名である。
(5) ①は福井《ふくい》県。福井県の鯖江《さばえ》市では，冬に屋内でできる副業として眼鏡フレーム製造が始まった。②は岐阜《ぎふ》県。県北部の白川郷が，富山県の五箇山《ごかやま》とともに**世界遺産**に登録されている。

32 関東地方

1 (1) ①利根《とね》　②房総《ぼうそう》　③霞ケ浦《かすみがうら》
④中禅寺《ちゅうぜんじ》　(2) 京葉《けいよう》工業地域　(3) 川崎
(4) **ア**　(5) **ア**　(6) **エ**　(7) 印刷業

解説

1 (2) 京葉工業地域では，市原《いちはら》の石油化学，君津《きみつ》の鉄鋼などが有名。
(5) 内陸部にも見られることから自動車工業。
(6) **ア**は面積，**イ**は小売業販売《はんばい》額，**ウ**は人口。

33 東北地方

1 (1) ①奥羽《おうう》　②北上《きたかみ》　③最上《もがみ》　④下北《しもきた》
(2) 田沢湖《たざわこ》　(3) リアス海岸
(4) ①**ア**　②**エ**　③**オ**　④**カ**

解説

1 (2) 十和田《とわだ》湖は水深 327m で全国第 3 位。
(4) ①は青森県，②は山形県，③は宮城県，④は福島県。

34 北海道地方

1 (1) ①渡島《おしま》　②支笏《しこつ》　③日高《ひだか》
④サロマ　(2) 知床《しれとこ》半島
(3) (順に)択捉《えとろふ》島，国後《くなしり》島　(4) アイヌ
(5) **ウ**　(6) ①**イ**　②**ウ**　③**エ**　④**ア**

解説

1 (1) ②支笏湖は水深 360m の日本で 2 番目に深い湖。
(3) 択捉島，国後島のほかに，色丹《しこたん》島と歯舞《はぼまい》群島がある。
(5) **ウ**のさつまいもは，鹿児島県が第 1 位。
(6) ①は室蘭《むろらん》市，②は苫小牧《とまこまい》市，③は釧《くし》路《ろ》市，④は函館《はこだて》市。

▶歴史的分野

35 江戸幕府の成立と鎖国

1 (1) 外様《とざま》大名　(2) 武家諸法度《ぶけしょはっと》
2 (1) 朱印状《しゅいんじょう》　(2) 出島《でじま》　(3) **ア**
(4) ①琉球《りゅうきゅう》　②朝鮮通信(通信)
③シャクシャイン

解説

1 (1) **譜代《ふだい》大名**は関ヶ原《せきがはら》の戦い(1600 年)以前からの徳川《とくがわ》氏の家臣，**外様大名**は関ヶ原の戦い以降に徳川氏にしたがった大名。幕府は外様大名を江戸から離《はな》れたところに，譜代大名を江戸の周辺や関東・東海などの重要地に配置した。
2 (2)・(3)オランダ商館員は長崎《ながさき》の**出島**に住み，厳しく監視された。

36 産業・都市の発達

1 (1) 五人組　(2) 千歯こき　(3) 株仲間
(4) マニュファクチュア　(5) 蔵屋敷《くらやしき》
(6) ①大阪《おおさか》　②江戸《えど》　(7) **イ**

解説

1 (2) 備中《びっちゅう》ぐわや唐《とう》みなどのほかの農具の図も確認しておこう。
(4) **工場制手工業**ともいい，酒造業やしょう油づくりなどでも見られた。

37 幕府政治の移り変わり

1 (1) 徳川綱吉《とくがわつなよし》　(2) A…**エ**　C…**ア**
D…**イ**，**ウ**
(3) ①徳川吉宗《とくがわよしむね》　②公事方御定書《くじかたおさだめがき》
(4) ①天保《てんぽう》の改革　②株仲間　③**ア**

解説

1 (4) ③前年の 1840 年に，清《しん》とイギリスとの間に**アヘン戦争**がおこった。

38 近代ヨーロッパの成立とアジア侵略

1 ①名誉《めいよ》　②権利　③独立　④人権

2 (1) 産業革命

(2) アヘン戦争，南京条約

(3) 洪秀全《ホンシウチュワン》《こうしゅうぜん》

3 (1) 南北戦争

(2) リンカーン（リンカン）

解説

1 ①一度目はピューリタン革命。

2 (2) イギリスは清《しん》からの茶の輸入が急増し，代金の銀が大量に流出したので，インドからアヘンを清に輸出し茶などを得た（**三角貿易**）。清がアヘンを取り締《し》まったので1840年戦争をしかけ，清を圧倒《あっとう》した（アヘン戦争）。

39 開国と江戸幕府の滅亡

1 (1) ①ペリー　②和親　③通商

(2) 下田《しもだ》・函館《はこだて》　(3) 井伊直弼《いいなおすけ》

(4) 〔解答例〕領事裁判権《りょうじさいばんけん》（治外法権《ちがいほうけん》）を認めたこと，関税自主権《かんぜいじしゅけん》がないこと。

(5) **ウ**

2 (1) 尊王攘夷《そんのうじょうい》　(2) 坂本龍馬《さかもとりょうま》

(3) 大政奉還《たいせいほうかん》　(4) 王政復古の大号令

解説

1 (4)本来ならば，自国の産業を保護する目的で輸入品の関税率を自主的に決定できるが，**日米修好通商条約**では，日本は相手国と協定して決めなければならなかった。

40 明治維新

1 (1) ①五箇条《ごかじょう》　②県　③徴兵《ちょうへい》

(2) 版籍奉還《はんせきほうかん》　(3) 学制　(4) 地租改正《ちそ》

(5) ①地価　②2.5　(6) 富岡《とみおか》製糸場

解説

1 (4) 政府は，国家の収入を安定させるため年貢《ねんぐ》にかえて，土地所有者に地券を与《あた》え，地価の3％（1877年から2.5％）を地租として現金で納めさせた。

41 自由民権運動と国会の開設

1 (1) 西南戦争　(2) **ウ**　(3) 征韓論《せいかんろん》

(4) 日朝修好条規《にっちょうしゅうこうじょうき》　(5) 国会（民撰《みんせん》議院）

(6) 自由党　(7) 立憲改進《りっけんかいしん》党

(8) 大日本帝国《ていこく》憲法

(9) 天皇　(10) 教育勅語《ちょくご》

解説

1 (8) Dの**伊藤博文**《いとうひろぶみ》は，君主権の強いドイツ（プロイセン）の憲法を手本に，憲法の草案を作成した。

42 日清・日露戦争と資本主義の発達

1 ①ロシア　②遼東《リアオトン》《りょうとう》　③イギリス

④ポーツマス　(1) 甲午《こうご》農民戦争

(2) フランス　(3) 南満州《みなみまんしゅう》鉄道株式会社

(4) 伊藤博文《いとうひろぶみ》

2 (1) 田中正造《たなかしょうぞう》　(2) 大逆《たいぎゃく》事件

解説

1 (2) 下線部bを**三国干渉**《さんごくかんしょう》という。

2 (1) 足尾《あしお》銅山の鉱毒問題は，日本最初の公害問題。

理　科

▶電気とそのはたらき

43 回路と電流・電圧

❶ (1) 右図

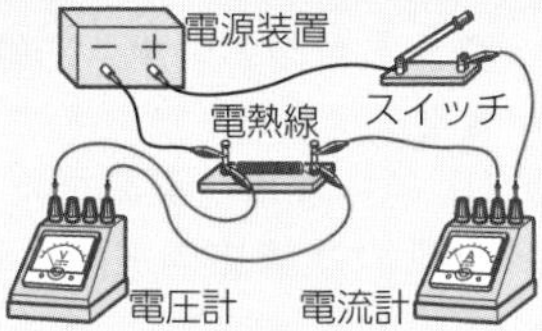

(2) ① 2.30 A　② 1.40 V

❷ (1) bc 間…8 V　ac 間…12 V

(2) 点 b…3 A　点 c…3 A

解説

❶ (1) 回路のはかろうとする部分に，**電流計**は**直列**に，**電圧計**は**並列**につなぐ。

(2) ①右端《みぎはし》が 5 A，最小の目盛りが 0.1 A

❷ (1) 全体の電圧＝各部分の電圧の和

44 電流・電圧と抵抗との関係

❶ (1) 15 Ω

(2) 18.0 V

(3) 右図

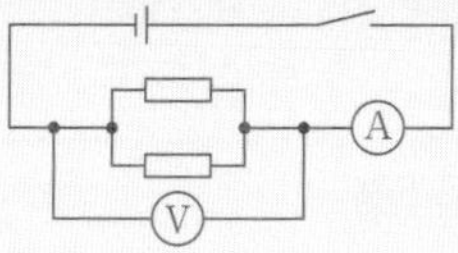

(4) 10 Ω

(5) 電流…0.15 A　抵抗…30 Ω

解説

❶ (1) 3.0 V÷0.2 A＝15 Ω

(2) 5 A の－端子《たんし》を使用しているので，1.2 A になる。15 Ω×1.2 A＝18.0 V

(4) 3.0 V÷0.3 A＝10 Ω

(5) 電圧計が 4.5 V を示すとき，電流計は 0.45 A を示す。並列回路なので，電熱線 a には，4.5 V÷15 Ω＝0.3 A の電流が流れる。電熱線 b を流れる電流の大きさは，0.45－0.3＝0.15 A となるので，電熱線 b の抵抗の大きさは，4.5 V÷0.15 A＝30 Ω となる。

45 電流の利用

❶ (1) C　(2) 比例関係　(3) 1800 J

(4) エ

❷ (1) 8 A　(2) 480000 J

解説

❶ (1) 電力＝電圧×電流 より，電力の大きい電熱線 C に流れる電流が最も大きい。

(3) 6 W×(5×60)s＝1800 J

(4) 電熱線 C の電力の大きさは電熱線 B の電力の大きさの 2 倍なので，同じ大きさの電圧を加えて，一定時間電流を流したときの水の上昇《じょうしょう》温度も 2 倍になると考えられる。よって，4.8 ℃×2＝9.6 ℃

❷ (1) 800 W÷100 V＝8 A

(2) 800 W×(10×60)s＝480000 J

46 静電気と電流

❶ ウ

❷ (1) B　(2) ①陰極線《いんきょくせん》　②－　③a

❸ (1) X 線　(2) 放射線

解説

❶ 2 種類の異なる物体をこすったとき，こすり合わせた物体の間で－の電気が移動する。－の電気をもらったほうの物体は－の電気を帯び，もう一方の物体は＋の電気を帯びる。－の電気と＋の電気は，互《たが》いに引き合う。

❷ (2) **陰極線**は，－の電気をもつ電子とよばれる非常に小さな粒子《りゅうし》の流れで，－の電気をもっているため，＋の電気に引かれる。よって，図の C を＋極，D を－極にすると，陰極線は＋極の C のほうへ引かれて曲がる。

❸ X 線や原子核《げんしかく》から出る α 線，β 線，γ 線などを**放射線**という。

47 電流と磁界

❶ (1) ウ
(2) 右図
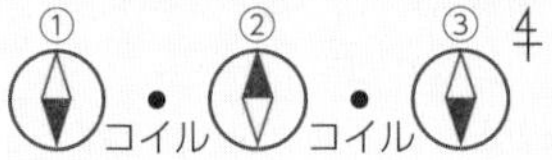

(3) すべて向きが逆になる。

解説

❶ (1) 電流が流れる向きに右ねじの進む向きを合わせると，右ねじを回す向きに磁界が生じる。方位磁針のN極のさす向きは，磁界の向きである。
(2) 真上から見て，②の左のコイルには反時計まわり，②の右のコイルには時計まわりの磁界ができる。

48 電磁誘導と発電

❶ (1) 誘導電流《ゆうどうでんりゅう》 (2) イ
(3) 速くすればよい。
(4) 多くすればよい。 (5) ウ
❷ (1) 交流 (2) 向きも大きさも一定の電流。 (3) 直流

解説

❶ (2) **ア**，**ウ**，**エ**は，N極を近づける場合と逆の向きの電流が流れる。
❷ 交流は，流れる向きや大きさが絶えず変化する電流である。直流は，流れる向きや大きさがいつも一定な電流である。

▶化学変化と原子・分子

49 物質の分解

❶ (1) 加熱してできた液体が試験管Aの底のほうに流れ，試験管が割れるのを防ぐため。 (2) ウ (3) 白くにごる。
(4) 物質名…水
方法…塩化コバルト紙につけて赤色(桃《もも》色)に変化するかどうかを調べる。
❷ (1) 水に電流を流しやすくするため。
(2) A…水素 B…酸素

解説

❶ 炭酸水素ナトリウムを加熱すると，**炭酸ナトリウム**，**水**，**二酸化炭素**に分解する。
❷ (1) 純粋《じゅんすい》な水は電流を流しにくいので，少量の水酸化ナトリウムをとかして，電流を流しやすくする。
(2) 陰極《いんきょく》からは水素が，陽極からは酸素が発生する。

50 化学式・化学反応式

❶ ①原子 ②元素 ③分子
❷ (1) 化学式…CO_2 モデル…●◎●
(2) 化学式…H_2O モデル…○●○
(3) 化学式…O_2 モデル…●●
❸ (1) 単体…①，④ 化合物…②，③，⑤
(2) NH_3
(3) 塩素原子:ナトリウム原子＝1:1
❹ (1) $2NaHCO_3 \longrightarrow Na_2CO_3+CO_2+H_2O$
(2) $2H_2O \longrightarrow 2H_2+O_2$

解説

❸ (1) 1種類の原子からなる物質を**単体**，2種類以上の原子からなる物質を**化合物**という。

51 いろいろな化学変化 ①

❶ (1) (空気中の)酸素と化合したから。
(2) 加熱前のスチールウール
(3) 酸化鉄
❷ (1) 化学反応で熱が発生し，その熱で次々に反応が起こったから。
(2) A…引きつけられなかった。B…引きつけられた。 (3) A…硫化水素《りゅうかすいそ》 B…水素 (4) $Fe+S \longrightarrow FeS$

解説

❶ (1), (3) スチールウールと空気中の酸素が結びついて，酸化鉄ができる。このとき結びついた酸素の分だけ質量が増加する。

❷ (2), (3) 試験管Aの加熱後の物質は硫化鉄で，黒色で磁石には引きつけられず，塩酸を加えると有毒な気体である硫化水素が発生する。

52 いろいろな化学変化 ②

❶ (1) ①炭素　②酸素　③還元《かんげん》

(2) $2CuO + C \longrightarrow 2Cu + CO_2$

(3) 石灰水《せっかいすい》が逆流して試験管Aに流れこむのを防ぐため。

❷ (1) **エ**　(2) 吸熱反応

解説

❶ (1) 酸化銅は炭素によって**還元**されて銅になり，炭素は**酸化**されて二酸化炭素になる。

❷ 化学変化によって，周囲から熱を吸収し，温度が下がる反応を**吸熱反応**という。

53 化学変化と物質の質量

❶ (1) CO_2　(2) 変化しない。

(3) 質量…減少する。理由…発生した気体が容器の外へ出ていくから。

❷ (1) 酸化銅　(2) 0.5 g　(3) 5.0 g

解説

❶ (2) 化学変化の前後で物質全体の質量が変化しないことを**質量保存の法則**という。

❷ (1) 銅と酸素が化合して酸化銅ができる。

(2) 化合した酸素の質量＝酸化銅の質量－銅の質量 より，2.5 g－2.0 g＝0.5 g

(3) 4.0 g の銅を加熱してできる酸化銅の質量を x g とすると，$4.0 : x = 2.0 : 2.5$ より，$x = 5.0$〔g〕

▶からだのしくみとはたらき

54 からだをつくる細胞

❶ (1) 番号…② 理由…植物の細胞《さいぼう》には葉緑体や細胞壁《さいぼうへき》があるから。

(2) 酢酸《さくさん》カーミン液(または，酢酸オルセイン液など)　(3) **ア**　(4) 細胞壁

(5) 多細胞生物　(6) **イ**，**ウ**

(7) a…組織　b…器官

解説

❶ 生物のからだは細胞が集まってできており，植物と動物の細胞を比べると，共通したつくりと植物だけに見られるつくりがある。

55 植物のからだのはたらき

❶ (1) 水面から水が蒸発するのを防ぐため。

(2) 36 倍　(3) ①気孔《きこう》　②蒸散

❷ (1) a…師管　b…道管　(2) 維管束《いかんそく》

(3) a，d

解説

❶ (2) Aの水の減少量は，葉と茎《くき》から出ていった水の量，Bの水の減少量は，茎から出ていった水の量を表している。よって，$(7.4 - 0.2) \div 0.2 = 36$ より，葉から出ていった水の量は，茎から出ていった水の量の 36 倍になる。

❷ (3) 根から吸い上げられた水や水にとけた養分は**道管**を通り，葉でつくられた栄養分は**師管**を通る。

56 光合成

❶ (1) 葉に蓄《たくわ》えられているデンプンを消費させるため。

(2) 酸素　(3) ①**オ**　②**エ**

解説

1 (1) 1日暗室に置いて葉に蓄《たくわ》えられているデンプンを消費させておかないと，新たに光合成によってつくられたデンプンと区別することができない。

(2) 試験管Dでは光合成が行われ，酸素が発生する。

57 消化と吸収

1 (1) **イ** (2) ①A_1 ②B_1(①②は順不同) ③A_2 ④B_2(③④は順不同)

(3) 唾《だ》液以外の条件を同じにして対照実験とするため。

解説

1 (1) 麦芽糖を含《ふく》む液体にベネジクト液を加えて加熱すると，赤褐色《せっかっしょく》の沈殿《ちんでん》ができる。

(3) 唾液以外の条件を同じにした対照実験を行うことで，だ液によってデンプンが変化したことを確かめることができる。

58 呼吸と血液循環

1 (1) 気管

(2) 表面積が広がるため，効率よく酸素と二酸化炭素を交換《こうかん》できる。

2 (1) 体循環《たいじゅんかん》 (2) ①D ②E

(3) 静脈 (4) 血液の逆流を防ぐこと。

(5) 赤血球

解説

1 (2) 肺胞《はいほう》や小腸の柔毛《じゅうもう》は，表面積を広げることによって，各器官のはたらきの効率をよくしている。

2 (2) ブドウ糖などの栄養分は**小腸**で吸収されて肝臓《かんぞう》に運ばれる。また，アンモニアなどの有害な物質は，肝臓で**尿素《にょうそ》**に変えられ，**じん臓**でこし出される。

59 刺激と反応

1 (1) **ウ** (2) 反応…反射 記号…**ア**

(3) **エ**，**ウ**，**オ**

2 (1) けん (2) **エ**

解説

1 (2) ふり返ったのは，声をかけられたことを，脳が意識したためである。

2 (2) 筋肉は骨の両側にあり，一方が縮むともう一方はゆるむ。

▶天気とその変化

60 気象の観測

1 (1) **ウ** (2) 57 % (3) 湿度《しつど》は気温が上がると下がり，気温が下がると上がる。

(4) くもりや雨になる。 (5) アメダス

解説

1 (1) 天気は，雲量0，1が快晴，2～8が晴れ，9，10がくもりである。

(2) 乾球《かんきゅう》28 ℃，示度の差6.0 ℃を湿度表で読みとると，湿度は57 %とわかる。

(3) 晴れの日は，気温と湿度が逆の変化をすることが多い。

61 圧力と大気圧

1 (1) 最もへこむ場合…②

最もへこまない場合…③

(2) ① 2000 Pa ② 4000 Pa

2 (1) つぶれる。 (2) ①小さ ②大気圧

(3) あらゆる向き

解説

1 (1) スポンジをおす力が同じとき，接する面積が小さいほど，圧力は大きくなる。

(2) ① $20\ \mathrm{N} \div (0.2 \times 0.05)\ \mathrm{m}^2 = 2000\ \mathrm{Pa}$

② $20\ \mathrm{N} \div (0.1 \times 0.05)\ \mathrm{m}^2 = 4000\ \mathrm{Pa}$

2 大気圧があらゆる向きからはたらくため，ペットボトルはつぶれる。

62 雲や霧の発生

1 (1) 露点《ろてん》 (2) 54 %
2 (1) イ (2) 水蒸気

解説

1 **湿度《しつど》〔%〕＝空気 1 m^3 中に含《ふく》まれる水蒸気量（現在の水蒸気量）÷その気温での飽《ほう》和《わ》水蒸《すいじょう》気《き》量《りょう》 ×**100 で求められるので，
$(9.4 \div 17.3) \times 100 = 54.3 \cdots \rightarrow 54$〔%〕

2 (1)ピストンを引くと，フラスコ内の空気は膨張《ぼうちょう》して気圧が下がり，温度が下がる。

63 前線と天気の変化

1 (1) イ→エ→ア→ウ (2) 27 日 (3) ア

解説

1 (1) 26 日の日中は高気圧におおわれるが，27 日に寒冷前線が通過している。28 日は前線が遠ざかり，29 日は高気圧におおわれている。

64 日本の気象・気象災害

1 (1) 図 1 …b 図 2 …c
(2) 図 1 …夏 図 2 …冬
(3) ①水蒸気 ②雲 ③雪

2 (1) 天気…晴れ 風向…東 風力… 2
(2) D (3) 小笠原気団《おがさわらきだん》 (4) ウ

解説

1 図 1 は，夏の南高北低の天気図，図 2 は，冬の西高東低の天気図を表している。

2 (4) 津波《つなみ》は震源《しんげん》が海底の地震によって起こることがある災害である。

英 語

▶過去形

65 一般動詞の過去形 ①

1 (1) stayed (2) came (3) lived
(4) ate (5) left (6) planned

2 (1) studied (2) found (3) read
(4) enjoyed

3 (1) ran (2) stopped (3) wanted

4 (1) My brother went to America two years ago.
(2) The English class began at 9 : 00 yesterday.

解説

1 (6) 語尾の n の前が短く発音される母音なので，n を重ねて ed をつける。

2 (1) y の直前が子音の study は y を i にかえて ed をつける。
(3) read[ri:d]の過去形は **read**[red]。
(4) y の直前が母音の enjoy はそのまま ed をつける。

66 一般動詞の過去形 ②

1 (1) did (2) Did (3) watch
(4) listen

2 (1) he did (2) got
(3) Where did, do

3 (1) Did Hiro hear the news yesterday ?
(2) I didn't〔did not〕 call my friend last night.
(3) What did you do last Saturday ?

解説

1 一般動詞の過去の疑問文・否定文は，主語が何であっても **did** を使い，動詞は原形にする。

❷ (3) 答えの中心は in Emi's house なので場所をたずねる。

❸ (3)「この前の土曜日あなたは何をしましたか。」

❸ (2) 下線部は last Thursday。When ～？で時をたずねる。

(3) 下線部は at Koji's house。Where ～？で場所をたずねる。

67 be 動詞の過去形 ①

❶ (1) was (2) were (3) was
(4) weren't

❷ (1) You were sick in bed yesterday.
(2) My mother was good at tennis ten years ago.
(3) They weren't〔were not〕 in Osaka last month.

❸ (1) 彼は先週，とても忙しかったです。
(2) わたしは5年前にニューヨークにいませんでした。
(3) ケンとわたしは昨年同じクラスでした。

解説

❶ (3) 天候が「～でした」は It was ～. で表す。

❷ (2) be good at ～「～が得意だ」
(3)「彼らは先月大阪にいませんでした。」

68 be 動詞の過去形 ②

❶ (1) Was, she was
(2) Were, I wasn't
(3) Where were (4) were you

❷ (1) he was (2) How was

❸ (1) Were they late for school ?
(2) When was Mai sick ?
(3) Where was Jack last night ?

解説

❶ (2)(3)(4) be 動詞には「～にいる」という意味もある。〈**人＋was〔were〕＋場所**〉で「～にいました」という意味。

69 過去進行形

❶ (1) was writing (2) were using
(3) weren't swimming

❷ (1) The students were practicing *kendo* then.
(2) Your sister was not making a cake.

❸ (1) I was studying English.
(2) Were Carol and Lucy having lunch ?
(3) We weren't〔were not〕 running in the park.
(4) Who was cleaning this room ?

解説

❶ 動詞の ing 形に注意。write → writing, use → using, swim → swimming

❷ (2) 過去進行形の否定文では，not は be 動詞の直後におく。

❸ (4) 疑問詞 who が文の主語になる。〈Who＋was＋～ing ... ?〉の語順に。

▶未来を表す表現

70 未来を表す be going to と will

❶ (1) am, to
(2) Is, going, be〔become〕
(3) will help

❷ (1) Will Ayumi get up early
(2) I'm not going to swim in the sea

❸ (1) Are you going to be busy this week ?
(2) What time will the library open ?
(3) Where are they going to go ?

解説

❶ (2) be going to の疑問文では **be 動詞を主語の前におく。**

❸ (1)「あなたは今週は忙しくなりそうですか。」

▶There is〔are〕～. の文

71 There is〔are〕～.

❶ (1) There is (2) There are some
(3) Are, any
(4) aren't any〔are no〕

❷ (1) There is (2) There are

❸ (1) There isn't〔is not〕 a girl in the shop.
(2) No, there aren't〔are not〕.
(3) How many oranges are there on the table ?

解説

❶ (3) 疑問文中の「いくらか〔何人か〕」はふつう any で表す。
(4)「～はひとりもいない」は **not any** ～で表す。**no** ～でもよい。

❷ (2) My city has ～. で「わたしの市には～があります。」という意味。

❸ (3)「いくつありますか」と数をたずねるときは〈**How many＋複数名詞＋are there ～?**〉で表す。

▶助動詞

72 助動詞 ①

❶ (1) have to (2) Must, help
(3) don't have (4) had to

❷ (1) has to (2) must not

❸ (1) You must not speak Japanese in this
(2) I didn't have to help him with
(3) Does she have to do this work

解説

❶ (3)「～しなくてもよい」は don't have to ～ で表す。
(4) **must の過去は had to** で表す。

❷ (2) 否定の命令文 **Don't ～＝You must not ～**「この公園でサッカーをしてはいけません。」

❸ (2)〈help＋人＋with ～〉「人の～を手伝う」
(3)「～しなければなりませんか」は〈Do〔Does〕＋主語＋have to ～ ?〉で表せる。ここでは主語が she なので Does を使う。

73 助動詞 ②

❶ (1) can play (2) Can〔May〕 I
(3) was able (4) will be able

❷ (1) Were you able to take that train ?
(2) You may open this window.

❸ (1) トムは日本(語)の漢字を書くことができませんでした。
(2) お茶を(いくらか)いただけますか。

解説

❶ (2)「～してもいいですか」は **Can〔May〕 I ～ ?** で表す。
(3) can の過去形は could か was able to で表す。
(4) can の未来形は will be able to で表す。

❷ (2) may は「～してもいい」という意味。

74 助動詞 ③

❶ (1) Shall I (2) Shall we
(3) Will〔Can, Would, Could〕 you

❷ (1) イ (2) ア (3) エ (4) ウ (5) オ

❸ (1) Can you play the guitar for her ?
(2) Will you close the window ?

解説

1 (1)「(わたしが)～しましょうか」と申し出るときは **Shall I ～?** を使う。

(2) 誘うときは **Shall we ～?** で表す。

(3) 依頼するときは **Will〔Can, Would, Could〕 you ～?** を使う。

2 (1)「質問をしてもいいですか。」「すみませんが，いけません。」

(2)「これらの箱をわたしのかわりに運んでもらえますか。」「いいですよ。」

(3)「明日買い物に行きましょうか。」「ええ，行きましょう。」

(4)「わたしは今日あなたを手伝わなければなりませんか。」「いいえ，その必要はありません。」

(5)「お皿を洗いましょうか。」「はい，お願いします。」

▶不定詞

75 不定詞①

1 (1) to swim (2) to eat (3) to visit

2 (1) 早起きはわたしたちの健康によい。

(2) あなたは将来何になりたいですか。

(3) わたしは今あなたに言うことは何もありません。

3 (1) Mary began to practice *judo* last

(2) I have a lot of things to do

解説

1 (2) to eat「食べるための」が something「何か」をうしろから修飾している。

(3) to visit「訪れるべき」が places「場所」をうしろから修飾している。

2 (1) To get up early までが主語。

(3) nothing to say to you で「あなたに言うことが何もない」の意味。

3 (1) to practice *judo*「柔道を練習すること」が began の目的語。

76 不定詞②

1 (1) to study (2) To help

(3) to see〔meet〕 (4) to hear

2 (1) あなたはまたニュージーランドを訪れて幸せでしたか。

(2) その医者たちは病気の人々を助けるためにそこに行きました。

(3) あなたの誕生日パーティーに遅れてすみません。

3 (1) Ken went to Hokkaido to take pictures.

(2) My brother was surprised to hear my success.

解説

1 (2)「～するため」を表す不定詞は，理由をたずねられたときの答えとして使うこともできる。

(3)(4)「～してうれしい」は be glad to ～，「～して悲しい」は be sad to ～で表す。

2 (1) be happy to ～「～して幸せだ」

(3) be sorry to ～「～してすみません〔すまなく思っている〕」

▶動名詞

77 動名詞①

1 (1) taking (2) cutting (3) writing

2 (1) swimming (2) fishing

(3) Getting, is

3 (1) dancing / わたしたちは昨夜踊って楽しみました。

(2) washing / わたしの姉〔妹〕は車を洗い終えました。

(3) is / 英語の本を読むことはわたしには簡単です。

(4) Drawing / 絵を描くことはわたしの趣味の1つです。

解説

1 (1)「わたしは動物の写真を撮ることが好きです。」

(2)「ボブは山の木を切り始めました。」

(3)「わたしの父の趣味は英語の詩を書くことです。」

2 (1)「メアリーは湖で泳ぐことを始めました」と考える。

3 (1)(2) **enjoy と finish は動名詞を目的語にとる。**

(3) 主語になる動名詞は単数扱い。

(4) Drawing pictures「絵を描くこと」が主語。

78 動名詞②

1 (1) meeting〔seeing〕 (2) giving
(3) playing (4) watching〔seeing〕

2 (1)① わたしは手紙を送ったことを覚えています。
② 手紙を送ることを覚えておきなさい〔忘れずに手紙を送りなさい〕。
(2)① 彼は写真を撮ることをやめました。
② 彼は写真を撮るために立ち止まりました。

3 (1) visiting / 今日わたしのおばを訪ねるのはどうですか。
(2) speaking / マイクは日本語を話すのが得意です。

解説

1 前置詞のあとの動詞は，動名詞。

(1) **look forward to ~ing**「～することを楽しみにして待つ」

(2) **Thank you for ~ing**「～してくださってありがとう」

(3) **after ~ing**「～したあとで」

(4) **be interested in ~ing**「～することに興味がある」

2 (1)① **remember ~ing**「～したことを覚えている」

② **remember to ~**「～することを覚えておく〔忘れずに～する〕」

(2)① **stop ~ing**「～することをやめる」

② **stop to ~**「～するために立ち止まる」 to take は目的を表す不定詞。

3 (1) **How about ~ing ?**「～してはどうですか」

(2) **be good at ~ing**「～するのが得意だ」

▶様々な表現

79 接続詞

1 (1) and (2) so (3) that (4) If
(5) because

2 (1) or you'll (2) after
(3) when, comes

3 (1) I think that it will be rainy
(2) Turn right, and you'll find
(3) Yuka was cooking when I visited

解説

1 (3)「わたしはアンディが上手に日本語を話すことを知っています。」

(4)「わたしの住所を知らないなら，言ってください。」

(5)「わたしはメアリーが好きです，なぜなら，彼女は元気がいいからです。」

2 (1)〈命令文 , or ～〉「…しなさい，そうしないと～」

(3) 時や条件などを表す〈when＋主語＋動詞〉の動詞は，**未来のことであっても現在形で表す。**

3 (2)〈命令文，and ～〉「…しなさい，そうすれば～」

80 付加疑問文・感嘆文

1 (1) can't you (2) didn't she
(3) doesn't she (4) isn't it
2 (1) What an (2) How well
3 (1) あなたのお兄さん〔弟さん〕はバスケットボールファンですね。
(2) この質問はなんと難しいのでしょう。
(3) What a big cat this is !
(4) That car runs very fast, doesn't it ?

解説

1 「〜ですね」は，肯定文のときは文の最後に〈, 否定文のときに使う短縮形＋主語の代名詞 ?〉をつける。
2 (1) 〈What(＋a〔an〕)＋形容詞＋名詞＋主語＋動詞 !〉
(2) 〈How＋副詞〔形容詞〕＋主語＋動詞 !〉

81 〜に見える，〜を…にあげる

1 (1) named her (2) call him
(3) look, sad (4) gave him
(5) looks like
2 (1) to you (2) for me
3 (1) her letter always makes me happy
(2) show me a picture of your sister

解説

1 (3)(5) 「〜(のよう)に見える」は，〈look＋形容詞〉，〈look like＋名詞〉の2種類。
2 (1) teach 〜 to ... のように **to を伴う動詞は show, give, send, tell** など。
(2) buy 〜 for ... のように **for を伴う動詞は buy, make, cook** など。

▶比較・受け身

82 比 較 ①

1 (1) bigger (2) more interesting
(3) heaviest (4) most useful
2 (1) as difficult〔hard〕 as
(2) much younger than
3 (1) サッカーはわたしの学校で最も人気のあるスポーツの1つです。
(2) わたしは母ほど早く起きませんでした。
4 (1) the tallest (2) the oldest

解説

1 (2)(4) 比較的つづりが長い形容詞(副詞)を比較級にするときは more，最上級にするときは most を使う。
2 (2) 比較級を強めるときは much を使う。
3 (1) 〈one of the＋最上級＋名詞〉「最も〜な(名詞)の1つ」
(2) 〈as＋原級＋as〉の文の否定文は「〜ほど…でない」という意味。
4 (1) リーはケンよりも背が高く，ヒロはケンほど背が高くない→リーがいちばん背が高い。
(2) ナンシーはエミリーより年下で，エミリーはジェーンより年下→ジェーンがいちばん年上。

83 比 較 ②

1 (1) better (2) best (3) best
(4) better
2 (1) Who, earlier, did
(2) Which, better, better
(3) Who, best, can
3 (1) Who swims faster, or
(2) Which〔What〕, best

解説

❶ (2) like A the best of ～「～の中でAがいちばん好きだ」
(4) like A better than B「BよりもAが好きだ」

❸ (1) *A*：タロウとケンとではどちらが速く泳ぎますか。
(2) *A*：あなたはどの季節がいちばん好きですか。

84 受け身

❶ (1) played (2) made (3) taken
(4) loved (5) studied
❷ (1) is used (2) was built
(3) Is, known (4) are sold
❸ (1) is visited (2) is sung

解説

❶ (2)「このバッグはイタリア製です。」make―made―made
(3) take は不規則動詞。take―took―taken

❷ (2) build―built―built
(3) know―knew―known
(4) sell―sold―sold

❸ それぞれ，下の文が受け身の文。動詞を〈be 動詞＋過去分詞〉の形にする。
(2) sing―sang―sung

国　語

▶漢字・語句

85 漢字・語句

❶ (1) 実態 (2) 提出 (3) 至〈到〉
(4) 冷蔵庫 (5) 補 (6) ながそで
(7) こ (8) きぐ (9) とら
(10) おくびょう
❷ (1) 七・八 (2) 右・左 (3) 才・色
(4) 万・化 (5) 応・報 (6) 猿 (7) 腐
(8) 福 (9) 案 (10) 種

解説

❶ (4) は「冷臓庫」，(5) は「捕う」としないこと。
❷ (7) 本当に優れたものは，少しばかり質が落ちても，まだ値打ちがあるという意味。

86 熟語の構成・対義語

❶ (1) 解放・永久・学習
(2) 往復・因果・増減
(3) 親友・再会・弱点
(4) 握手・着席・就職
(5) 地震・雷鳴・年長(1)～(5)順不同
❷ (1) 具体的 (2) 複雑 (3) 必然
(4) 部分 (5) 現実 (6) 例外 (7) 革新
(8) 相対的 (9) 応答 (10) 混乱

解説

❶ (2)「因果」は原因と結果で反対の意。
(5)「雷鳴」は「雷が鳴る」で主述関係。

▶文　法

87 用言とその活用

❶ (1) イ (2) エ (3) イ (4) ア (5) ウ
(6) ア (7) ア (8) ウ (9) イ (10) オ
❷ (1) 連用形 (2) 連用形 (3) 連体形
(4) 未然形 (5) 終止形

❸ (1) 連用形　(2) 連用形　(3) 終止形
(4) 連体形　(5) 連用形

解説

❷ (2)「書い」は連用形「書き」のイ音便。
(3) **動詞の下に体言があれば連体形**と考えてよい。

88 助詞と助動詞

❶ (1) オ　(2) ウ　(3) キ　(4) ア　(5) コ
(6) カ　(7) イ　(8) ケ　(9) エ　(10) ク
❷ (1) キ　(2) オ　(3) ウ　(4) ケ　(5) エ
(6) コ　(7) ア　(8) イ　(9) ク　(10) カ

解説

❶「の」や「に」「で」などは，使い方によってさまざまな働きがあるので注意しよう。

❷ 助動詞「れる・られる」の「**受身・可能・自発・尊敬**」の判別は必ず身につけておきたい。

▶**現代文**

89 小　説 ①

❶ (1) (例)手嶋の夢　(2) **イ**
(3) (例)難しいからやってみたいんだよ。(15字)

解説

❶ (3) 脩が現実的にできそうもない難しいことだと言ったのに対し，ニヤリと笑ったのであるから，手嶋は最初から難しいことだとわかっていたことがわかる。つまり，そういう難しさがあるからこそ，挑戦《ちょうせん》してみたいと思っているのである。

90 小　説 ②

❶ (1) **ウ**　(2) **エ**
(3) (例)なんだか自分だけ取り残されているようだと思ったから。(26字)

解説

❶ (1) トークリップが何だかわからなかったのである。

91 随　筆 ①

❶ (1) b
(2) (例)宇宙空間にある星を立体的，数字的にとらえてきた。(24字)
(3) 精通・愛する・星座

解説

❶ (2)「そんな立体でも数字でもなく」の「そんな」は，科学者としてやってきたことを指している。この部分を用いてまとめるとよい。

92 随　筆 ②

❶ (1) **ア**　(2) ケイタイの光
(3) (例)幻想的な松明の炎を自分の目で見ずに，ケイタイで写真をとることに専念していたこと。(40字)　(4) **イ**

解説

❶ (3) 松明《たいまつ》を自分の目で見ていなかった，ケイタイに頼《たよ》っていたという二つの要素が必要。

93 説明・論説文 ①

❶ (1) **エ**　(2) **エ**　(3) **イ**

解説

❶ (2) 前に「ふつうは」と述べられているので，順接の接続語が入るとわかる。**ア**は対比・選択《せんたく》，**イ**は説明，**ウ**は転換の接続語。

94 説明・論説文②

❶ (1) **ア** (2) たとえば，
(3) (例)草食獣を手に入れるため，筋肉が発達し，敏捷で，鋭い牙や爪を備えている。(35字) (4) (例)さまざまな環境に適応できること。

解説

❶ (4)「特殊化するという方向」と反対の内容を表すことに注意する。

95 説明・論説文③

❶ (1) 細胞
(2) (例)木の細胞は寒さや湿気に耐えられるように微妙な仕組みにつくられている(こと。) (33字)
(3) **エ**

解説

❶ (3) 木は物理的・化学的分析では特に高い評価はでないが，自然がつくった材料というものは，総合的に見ればほかにない優れた面をもっているというのが筆者の主張。

96 説明・論説文④

❶ (1) 無視 (2) **ア**
(3) **ウ**・**オ**(順不同) (4) 礼儀語

解説

❶ (3) **ウ**は，ただ単に歩いている人なら「ヨソ」として無視してよいが，自転車で通るためにどいてもらいたいときには「ソト」になるので，声をかける必要がある。**オ**も同じで，あいさつされた段階で「ソト」の関係になる。

97 説明・論説文⑤

❶ (1)「道徳」という規範(9字) (2) **イ**
(3) 一生懸命働くこと
自分の愛する人たちと暮らすこと
(4) 他者の欲求や利益のさまたげになる

解説

❶ (1) 直接的には直前の2つの区別を指すが，前の文の文頭の「それ」が指す言葉がそれらをまとめた言葉になっている。

98 説明・論説文⑥

❶ (1) (例)中学生の「参加している」の割合が小学生の半分以下である。(28字)
(2) (例)中学生は，もっと地域の行事に参加して，人々とふれ合う機会を増やすべきである。
(3) (例)友達と地域の行事について調べ，自分たちも気軽に参加できるアイディアを出し，地域の方々に取り入れてもらえるよう働きかける。

解説

❶「地域の行事に参加している」の割合が小学生と中学生で大きく異なるため，ここに着目するとよいだろう。

99 詩

❶ (1) **イ** (2) **エ** (3) **ア**

解説

❶ (1) **ウ**の**散文詩**は，散文(通常の文章)のように書かれた詩。(2) **擬音語**は，「ざあざあ」「わんわん」など実際の音をまねて言葉とした語であるから，**エ**が正解。
(3)「手首のように」「腕時計のようだ」と，

比喩《ひゆ》が効果的に用いられている。

100 短　歌

❶ (1) エ　(2) ア　(3) 同じ
(4) 分類しても，実際には分類しきれない(ということ。)

解説

❶ (4) 本文には似たように見えてもどんなものにも違いがあるということが述べられている。字数にあわせて，最後の段落でまとめられている内容を抜《ぬ》き出す。

▶古　典

101 古　文①

❶ (1) イ　(2) ア
(3) おおけな
(4) 童こそ詠みたれ(7字)

解説

❶ (2) 現代語訳に「お詠ませになる」と尊敬語が用いられていることからも御門(天皇)と判断できる。(4)「『……童こそ詠みたれ』といひければ……『……かかることないひそ。……』」という関係になっていることから考える。

102 古　文②

❶ (1) イ　(2) エ→イ→ウ→ア

解説

❶ (1) 恵王が何のために国境近くまで金の糞をする石の牛を運ばせたのかを考える。この牛が欲《ほ》しくて蜀の国の人が引いていくと，自然と道ができるだろうと策をめぐらしたためである。

103 漢文・漢詩①

❶ (1) 定メテ不《ず》レ遠カラ
(2) (例)青空が鏡のような川面にも映っている(から。)
(3) 遠くない
(4) 意気(揚々)

解説

❶ (1) 直前の文字に返るときは，**レ点**を用いる。(2) 今作者は川に浮かべた舟にいることから考える。

104 漢文・漢詩②

❶ (1) 誰を先生とするのですか
(2) ウ
(3) 皆知ルモレ高キヲ
(4) イ

解説

❶ (1)「誰をか……」の「か」は疑問で，誰を……するか」の意となる。(2) 本文はすべて景公と子貢との会話で成り立っている。景公の発言の前は,「公曰はく」となっており，それに対して，(子貢が)「対へて曰はく」と受けている。(4) 天が高いということは誰もが知っていても，どれくらい高いかは知らないように，仲尼の賢いことは知っていてもどのくらい賢いかは知らないというのである。